AF580076

EL LÍDER ESTOICO

JOHN SELLARS *y* JUSTIN STEAD

EL LÍDER ESTOICO

Lecciones de la Antigüedad para tener éxito en los negocios

CONECTA

El papel utilizado para la impresión de este libro ha sido fabricado a partir de madera procedente de bosques y plantaciones gestionadas con los más altos estándares ambientales, garantizando una explotación de los recursos sostenible con el medio ambiente y beneficiosa para las personas.

El líder estoico

Lecciones de la Antigüedad para tener éxito en los negocios

Título original: *The Stoic Leader: Ancient Lessons to Succeed in Business*

Primera edición: marzo, 2026

Publicado originalmente en Gran Bretaña en 2025
por Michael O'Mara Books Limited

ISBN: 978-607-387-160-0

Impreso en México – *Printed in Mexico*

Para todos los que han contribuido
y apoyado a la Fundación Aurelius

Con cariño, para mis hijas Sofía, Valentina y Carolina: que estas páginas las guíen, cuando yo ya no pueda, en todo aquello que la vida les depare. Y para mi esposa, Natalia, cuya alegría, amor y perdón me han salvado de mí mismo.

Justin Stead

ÍNDICE

INTRODUCCIÓN

El empresario y excandidato presidencial estadounidense Steve Forbes describió *Meditaciones*, la colección de escritos personales del filósofo estoico y emperador romano Marco Aurelio, como "una lectura obligada para los líderes empresariales".[1] El expresidente de Estados Unidos Bill Clinton afirmó en una ocasión que *Meditaciones* era uno de sus libros favoritos.[2] Antes, en el siglo XVIII, el emperador prusiano Federico el Grande describió a Marco Aurelio como "Mi héroe, mi modelo".[3] Tiene sentido que las personas en puestos de poder y liderazgo se sientan atraídas por las obras de grandes líderes del pasado; sin embargo, lo más sorprendente es que las *Meditaciones* de Marco Aurelio contienen pocos fragmentos que hablen directamente sobre cómo ser un gran líder. No ofrecen información relevante sobre cómo gobernó el Imperio romano. Lo que encontramos, en cambio, son reflexiones profundamente personales sobre cómo sobrellevar los altibajos de la vida y cómo ser una buena persona, pensamientos inspirados en la sabiduría y las enseñanzas de la filosofía estoica. La respuesta personal de Marco a la pregunta de cómo ser un buen líder era simple: ser estoico. Esto no significaba ser "estoico" en el sentido común del término, sino seguir las enseñanzas de la antigua escuela griega del estoicismo.

Otros filósofos estoicos sí hablaron de lo que significa ser un buen líder. El estoico romano Musonio Rufo, durante la visita de un rey sirio, declaró que era fundamental que cualquier persona que ocupara un lugar de liderazgo estudiara filosofía, en específico, la filosofía estoica.[4] Musonio sostenía que un buen líder debía desarrollar lo que los estoicos llamaban "las cuatro virtudes cardinales": justicia, templanza, valentía y sabiduría. El papel de un líder consiste en asegurarse de que el país, la organización o la empresa a su cargo prospere y de que las personas también lo hagan. Pero, pregunta Musonio, ¿cómo puede alguien liderar de esta forma sin saber discernir con claridad entre lo bueno y lo malo? Un buen líder debe tratar con justicia a las personas dentro y fuera de su organización; necesita ser justo y, por tanto, debe entender qué es la justicia. Necesita tomar decisiones con autocontrol, es decir, tener la virtud de la templanza o moderación. En ocasiones, tendrá que tomar decisiones difíciles y eso requerirá valentía. Lo más importante es que deberá desarrollar su habilidad para decidir, convirtiéndose así en un experto en tomar decisiones desde la calma, de forma racional e informada. Esa es la virtud de la prudencia o la sabiduría.

En este libro te presentaremos las ideas fundamentales del estoicismo y te mostraremos cómo pueden practicarse en el contexto del liderazgo empresarial. Para ello, nos basaremos en nuestras diferentes experiencias: John es un académico que ha pasado las últimas décadas leyendo, escribiendo y enseñando la teoría del estoicismo, mientras que Justin se ha beneficiado de las ideas estoicas a lo largo de su carrera, primero como CEO exitoso durante décadas y hoy como presidente de varias empresas. Los capítulos se alternan entre las experiencias de ambos y se organizan en torno a una serie de temas clave. En un inicio aprenderás las ideas del estoicismo antiguo y luego verás cómo aplicarlas en un entorno empresarial. A lo largo del camino, reflexionaremos sobre las ideas de algunos estoicos, especialmente de Marco Aurelio, tomando ejemplos de cómo aplicaron el estoicismo en el mundo antiguo. Nosotros no vemos a estas figuras históricas como modelos ideales a seguir, sino como seres humanos imperfectos que, igual que nosotros, hicieron lo mejor que pudieron para enfrentar los desafíos de su vida tanto en el terreno personal como en el profesional. No creemos que estas dos cosas puedan separarse completamente —nunca se trata "solo de negocios"—, por lo que el camino para convertirse en un mejor líder también es el camino para convertirse en un mejor ser humano. ¿Qué meta podría ser más importante?

Capítulo 1

CONOCIENDO A LOS ESTOICOS ANTIGUOS

JOHN SELLARS

Nosotros los estoicos no somos súbditos de ningún tirano; cada uno reclama su propia libertad.

Seneca, *Cartas* 33.4

Los estoicos más importantes

Zenón: hijo de un comerciante de Chipre y fundador del estoicismo.

Cleantes: segundo líder de la Stoa. Fue boxeador y trabajaba de noche regando jardines para poder filosofar durante el día.

Crisipo: tercer líder de la Stoa, originario de Turquía. Tenía un intelecto formidable y fue un lógico notable.

Diógenes de Babilonia: inmigrante del Medio Oriente que llegaría a ser líder de la Stoa.

Antípatro: originario de Tarso, hoy Turquía, quien también llegaría a ser líder de la Stoa.

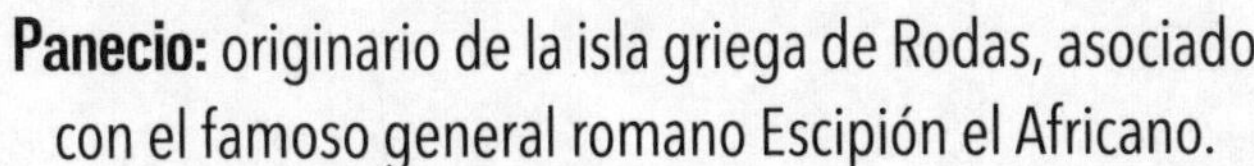

Panecio: originario de la isla griega de Rodas, asociado con el famoso general romano Escipión el Africano.

Séneca: principal representante del estoicismo romano, originario de España. Tutor del joven Nerón y, más tarde, su consejero.

Musonio Rufo: estoico romano activamente involucrado en la política, que enseñó en Roma.

Epicteto: esclavo originario de Turquía que obtuvo su libertad, asistió a las lecciones de Musonio y fundó su propia escuela de filosofía en Grecia.

Hiérocles: escritor cuya actividad intelectual data aproximadamente de los primeros siglos después de Cristo. Autor de *Elementos de la ética*.

Marco Aurelio: emperador romano y autor de *Meditaciones*.

No existe algo como *el estoicismo*; solo existen los estoicos. Esto sucede en dos sentidos. Primero, la filosofía estoica floreció en la Antigüedad durante unos quinientos años, y cada uno de sus exponentes principales interpretó las ideas fundamentales a su manera, abandonando los elementos que consideraba menos convincentes y adaptándolos según sus propias circunstancias y experiencias de vida. No existe una fuente única ni una autoridad que establezca de manera categórica qué es el estoicismo. Segundo, aunque los antiguos estoicos desarrollaron teorías complejas sobre una gran variedad de temas —desde la cosmología y la meteorología hasta la lógica y la gramática—, para ellos, y para muchos otros pensadores de la Antigüedad, la filosofía se trataba en esencia sobre cómo vivir. Era algo que debía ponerse en práctica en la vida propia. Como lo comentó Séneca, uno de los estoicos más notables, la filosofía no se trata —ni debería tratarse— de palabrería compleja, sino que "moldea y construye el alma, ordena nuestra vida, guía nuestra conducta, nos muestra lo que debemos hacer y lo que debemos dejar sin hacer".[1] El objetivo es vivir una vida estoica; convertirse en un estoico.

Marco Aurelio

Marco Aurelio es probablemente el estoico más famoso y *Meditaciones* es, sin duda, el texto estoico más leído en la actualidad. Marco no fue solo un filósofo, sino también un emperador romano y, por lo tanto, líder del mundo occidental. Él no nació designado a ese papel, sino que llegó a él a través de una serie de vicisitudes complejas. Todo comenzó con la muerte de su padre cuando Marco tenía apenas tres años. Fue adoptado y criado por su abuelo, y otros miembros de su familia extendida lo guiaron. Cuando Marco era joven, el emperador Adriano, en busca de un heredero, decidió adoptar a Antonino Pío, pero estableció como condición que Antonino adoptara, a su vez, al joven Marco. Esto colocó a Marco en la línea sucesoria del Imperio romano.

Marco se ganó la reputación de ser un gobernante justo y equitativo, aunque, de manera inevitable, algunos historiadores modernos han cuestionado algunas de sus acciones. Como emperador, participó en guerras y defendió las fronteras del Imperio cuando estaban bajo amenaza. Pasó los últimos años de su vida principalmente en el frente en Europa central, defendiendo la frontera norte del Imperio de las incursiones de tribus germánicas locales. Es probable que haya escrito *Meditaciones* durante este periodo, mientras dirigía al ejército romano en la primera línea. En el libro se menciona que al menos una parte fue escrita mientras se encontraba en Carnuntum, una base militar romana situada no muy lejos de la actual Viena, cuyo yacimiento puede visitarse hoy en día.

MEDITACIONES

Es muy probable que *Meditaciones* no fuera escrito para que lo leyeran muchas personas. Se trata de una serie de anotaciones en las que Marco Aurelio reflexiona sobre una amplia variedad de temas, desde su propia mortalidad hasta cómo lidiar con otras personas. Contiene una buena cantidad de repeticiones, pues reflexiona una y otra vez sobre los mismos temas. También contiene citas de obras que leía en ese momento. El libro ofrece una vista privilegiada a sus procesos de pensamiento y a algunos de los desafíos que enfrentó como emperador. *Meditaciones* es su título moderno; su título griego registrado se traduce como "Para sí mismo". Es muy probable que Marco no le haya puesto nombre: estos escritos simplemente eran sus cuadernos personales.

Epicteto

Marco nos cuenta que uno de sus maestros le dio una copia de las *Disertaciones* del filósofo y pensador estoico Epicteto, y queda claro que la obra fue una influencia importante en su pensamiento. A primera vista, Marco y Epicteto no podrían haber sido más distintos. Marco era un emperador proveniente de los círculos más altos de la sociedad romana, mientras que Epicteto fue un esclavo de Asia Menor, sin dinero ni poder, llevado a Roma contra su voluntad. Después de décadas de servidumbre obtuvo su libertad y, poco después, salió de Italia para fundar una escuela de filosofía en el oeste de Grecia. *Las Disertaciones*, tal como las conocemos, son apuntes de clase escritos por uno de sus alumnos, basados en las lecciones que impartió en su escuela.

Epicteto no parecía tener mucho interés en la política ni en los negocios, aunque es probable que muchos de sus alumnos descendieran de familias romanas adineradas y estuvieran destinados a desempeñarse en esos ámbitos. Solía reiterarles que, antes de estar en condiciones de gobernar, debían aprender a gobernarse a sí mismos.

Muchos de los temas centrales de las *Disertaciones* de Epicteto también se pueden encontrar en el trabajo de otro maestro estoico que había estado activo en Roma: Musonio Rufo. Se dice que Epicteto asistió a las clases de Musonio, quizá cuando aún era esclavo. Los registros que tenemos de las lecciones de Musonio muestran un enfoque en cuestiones cotidianas y sumamente prácticas, como el matrimonio, la educación de los hijos, la vestimenta, la decoración del hogar y el corte de cabello. Musonio también participó de forma activa en la política romana: estuvo vinculado de manera muy cercana con un grupo de senadores —también conocido como "la oposición estoica"— que intentó derrocar al emperador Nerón, y su conducta íntegra, basada en sus valores estoicos, lo llevó al destierro. La filosofía de Musonio era una guía práctica sobre cómo vivir y ejerció una gran influencia en Epicteto.

LAS *DISERTACIONES* Y EL *MANUAL*

Aunque solemos dar crédito a Epicteto por dos trabajos, las *Disertaciones* y el *Manual*, en realidad ninguno es de su autoría. Las *Disertaciones* fue escrito por uno de sus pupilos, Arriano, quien se convirtió en un destacado historiador y se desempeñó como líder político y militar. Este trabajo recopila las conversaciones que ocurrieron en el salón de clases de Epicteto en su escuela de filosofía en Nicópolis, en el oeste de Grecia. Es probable que los cuatro libros de las *Disertaciones* que conocemos hoy representen solo la mitad de lo que Arriano escribió. El *Manual*, mucho más breve, también fue compilado por Arriano, quien extrajo las ideas principales de las *Disertaciones* para crear un resumen de bolsillo sobre la filosofía de Epicteto. En la Edad Media fue adaptado y utilizado para instruir a los monjes.

Séneca

Otro de los famosos estoicos romanos es Lucio Anneo Séneca. Al igual que su contemporáneo Musonio, fue un pensador sumamente práctico que recurrió al estoicismo para sobrellevar los altibajos dramáticos de su vida. De origen español, Séneca participó en los niveles más altos de la política romana, donde una disputa con el emperador Calígula casi le costó la vida. Después, fue exiliado por el emperador Claudio, es probable que haya sido por razones políticas y debido a cargos —quizá falsos— de adulterio. Fue durante su exilio, en la isla de Córcega, que Séneca escribió varias de sus primeras obras. Finalmente fue llamado de nuevo a Roma, con la condición de instruir a un joven de la familia imperial: Nerón. Cuando Nerón llegó a ser emperador, Séneca se encontró en el corazón mismo del poder romano, desempeñándose como su consejero. También fue un hombre de negocios exitoso y llegó a ser una de las personas más ricas de Roma. Sin embargo, a medida que Nerón se volvió más desconfiado de quienes lo rodeaban, Séneca se encontró en una situación en extremo peligrosa. Retirarse de la vida pública no era una opción; hacerlo habría parecido un rechazo al emperador. Cuando se gestó una conspiración para derrocar a Nerón, Séneca fue acusado de participar en ella y, a la postre, Nerón le ordenó quitarse la vida.

DIÁLOGOS, *CARTAS* Y MÁS

Séneca escribió una serie de ensayos cortos sobre cómo vivir feliz, cómo manejar el enojo, la importancia del ocio y la brevedad de la vida. Estos textos son conocidos como los *Diálogos.* Dos ensayos mucho más extensos tratan temas profundamente relacionados a la política: *Sobre la clemencia* y *Sobre los beneficios.* Más tarde, Séneca escribió una serie de cartas a su amigo Lucilio, conocidas como *Cartas morales.* Dado que poseía múltiples talentos, también escribió sobre temas de física en su obra *Cuestiones naturales* y escribió una serie de tragedias. En conjunto, los escritos de Séneca constituyen el cuerpo más extenso de textos estoicos que se conserva de la Antigüedad.

Los estoicos en Atenas

Todos los estoicos que hemos mencionado hasta ahora estuvieron activos durante los dos primeros siglos d. C., durante el Imperio romano. Para entonces, el estoicismo ya era una filosofía con varios siglos de existencia, fundada mucho antes en Atenas, el hogar espiritual de la filosofía antigua. El más famoso de todos los filósofos griegos, Sócrates, vivió en Atenas en el siglo V a. C. y fue juzgado y ejecutado en el año 399 a. C., acusado de corromper a la juventud. Sócrates se convertiría en un ejemplo para muchos pensadores posteriores, incluidos los estoicos. Epicteto dijo la siguiente frase célebre: "Si aún no eres un Sócrates, deberías dedicar tu vida a intentar ser como él".[2] En el siglo siguiente, Platón y Aristóteles vivieron y enseñaron en Atenas, en la Academia y el Liceo. En algún momento alrededor del 30 a. C., Zenón de Citio comenzó a enseñar en la Stoa Poikilé, un conjunto de columnas techado en el extremo norte del mercado central de Atenas. A sus seguidores se les conoce como "estoicos"; es decir, "las personas que se reúnen en la Stoa".

Su biografía clásica señala que cuando Zenón viajó a Atenas desde su hogar, en Chipre, para encargarse de los negocios de su padre, su barco naufragó. Aunque sus mercancías se perdieron, él logró llegar a la costa. Mientras se reponía de la experiencia, comenzó a curiosear en un puesto de libros cercano. Allí empezó a leer un relato de las conversaciones filosóficas de Sócrates escrito por el filósofo y soldado Jenofonte. Zenón quedó impresionado por lo que leyó. Le preguntó al librero dónde podía encontrar a alguien como Sócrates y, en ese momento, pasó por ahí un filósofo llamado Crates. El librero dijo: "Siga a ese hombre".[3]

Zenón fue seguidor de Crates durante un tiempo y luego pasó una temporada estudiando en la Academia de Platón. Al final, no quiso ser solo un discípulo de otra persona y comenzó a enseñar sus propias ideas. Pronto atrajo a una audiencia, entre quienes, se dice, estaba Cleantes, que trabajaba todas las noches regando los jardines de Atenas para poder estar libre y escuchar a Zenón durante el día.[4] Después de que Zenón murió, Cleantes asumió la dirección de esta nueva escuela filosófica, la Stoa. A su vez, él fue sucedido por Crisipo, un lógico perspicaz que escribió extensamente sobre la naturaleza y el tratamiento de las perturbaciones emocionales. A menudo se dice que Crisipo fue el más importante de estos primeros estoicos atenienses y que desempeñó un papel central en la sistematización y organización del pensamiento estoico. Una vez establecida, la escuela estoica prosperó en Atenas hasta mediados del siglo I a. C. Entre los estoicos atenienses posteriores, los más notables son Panecio de Rodas y Antípatro de Tarso, a cuyas ideas regresaremos en capítulos posteriores.

***

Como podemos ver, los estoicos fueron un grupo cosmopolita, proveniente de diversas partes del Mediterráneo y de todos los estratos sociales —aristócratas y esclavos, emperadores e inmigrantes—, unidos por una serie de creencias y valores compartidos. Esto coincidía por completo con el pensamiento estoico, que sostiene que debemos considerar a toda la humanidad como miembros de una sola comunidad global, unidos por una racionalidad común.

Capítulo 2

UN CEO CONOCE A LOS ESTOICOS

JUSTIN STEAD

Ser como la roca sobre la que rompen las olas. Permanece inmóvil, y la furia del mar se calma a su alrededor.

Marco Aurelio, *Meditaciones* 4.49

Por lo general, cuando la gente observa a Marco Aurelio y a Séneca, los considera a ambos como estoicos iluminados. Mis primeras impresiones filosóficas fueron las mismas, pero a medida que mi carrera en los negocios se desarrolló, comencé a verlos de una manera más amplia. Eran individuos en conflicto, desesperados por vivir siendo totalmente congruentes con el estoicismo, pero obligados a competir y a cumplir con enormes responsabilidades como hombres prominentes de Roma en una época de constante conflicto militar, expansión y amenazas externas. Todo ello sucedía en un entorno político implacable, tan despiadado como el de cualquier esfera de poder que haya existido. En cuanto uno se ponía la púrpura, se colocaba un blanco de tiro sobre sí mismo y sobre quienes lo rodeaban.

Es posible que ni Marco ni Séneca tuvieran una vocación que los inclinara a los negocios, pero tuvieron que ser astutos con los asuntos económicos y comerciales al desempeñar sus deberes públicos y profesionales; en esencia, fungían como altos ejecutivos en sus actividades cotidianas. Por lo tanto, pensemos en Marco como presidente del consejo directivo y CEO durante un periodo de gran prosperidad del Imperio romano en el siglo II, mientras que a Séneca podemos considerarlo el director de operaciones dentro de una corporación romana completamente disfuncional.

Marco Aurelio: CEO de la corporación romana

Es probable que Marco Aurelio sea más conocido por sus *Meditaciones*, que ofrecen reflexiones profundas sobre la filosofía estoica y la autogobernanza. Sin embargo, sus responsabilidades iban mucho más allá de escribir reflexiones filosóficas: Marco gobernó un vasto imperio en medio de desafíos, supervisando complejos sistemas económicos, campañas militares y programas sociales.

Es una figura excepcional en la historia y no llegó a ser emperador de manera tradicional, como por una conquista militar, una guerra civil o un golpe de Estado sangriento. Tan solo vivió en un periodo extraordinario de la historia romana, el siglo II, cuando tuvo lugar una serie de transiciones de poder controladas y cuidadosamente planificadas: de Nerva a Trajano, de Trajano a Adriano, de Adriano a Antonino Pío y de Antonino Pío a Marco. Si consideramos la época, estas fueron transiciones de poder muy bien gestionadas, en las que se entregaron las riendas del gigantesco imperio al "mejor candidato".

En su papel como presidente y CEO del Imperio romano, Marco se enfrentó a presiones que hubieran hecho temblar al alto ejecutivo más experimentado. No solo era responsable del bienestar de millones, sino que también debía asegurar el funcionamiento de una vasta economía basada en el comercio, la agricultura y el cobro de impuestos. Las virtudes cardinales de los estoicos que defendía —sabiduría, templanza, justicia y valentía— no eran ideas abstractas, sino herramientas necesarias para sobrevivir en un entorno político turbulento. Fueron el equipo de herramientas que utilizaba a diario para tomar las mejores decisiones ejecutivas, aunque es probable que, a veces, tuviera que comprometer esos valores para cumplir sus deberes imperiales. Puedo imaginar a Marco estremeciéndose ante el alto costo y la innecesaria pérdida de vidas en los populares juegos de gladiadores en el Coliseo.

Desafortunadamente, quizá nunca volvamos a ver a alguien como Marco Aurelio en una posición de tanto poder. Incluso en las democracias modernas, las dinámicas y los mecanismos para llegar al poder han cambiado de forma tan radical —pensemos en Donald Trump— que puede resultarnos difícil imaginar a alguien de carácter profundo y reflexivo, y con un gran compromiso moral como Marco Aurelio abriéndose paso, a menos que ocurriera una catástrofe de enorme escala, como una tercera guerra mundial. La sociedad tendría que hincarse y reconocer que se necesita un liderazgo moral distinto y más elevado para levantarnos de las cenizas. Por ejemplo, Nelson Mandela llegó a liderar Sudáfrica en respuesta al abominable sistema del *apartheid* en una época en la que las personas necesitaban un líder moral que los guiara hacia un lugar mejor para *todos*.

Séneca: director de operaciones de la corporación romana

Desde una perspectiva de liderazgo, Séneca se podría entender como el director de operaciones de Roma, navegando las traicioneras aguas de la élite política y de sus propios intereses económicos durante el turbulento reinado del emperador Nerón. Como filósofo estoico y consejero de gran renombre, la influencia de Séneca se extendía más allá de la filosofía; basándonos en su enorme fortuna, podemos suponer que era un empresario astuto y sofisticado, con experiencia en planificación financiera, proyecciones y préstamos. Es bien conocido por sus concesiones de créditos, que a veces se encontraban en el límite "más duro" del mundo de los negocios. Excluyendo al emperador, Séneca era el hombre más rico de Roma.

Durante años, pasó de estar en una posición privilegiada a caer en desgracia en varias ocasiones y fue exiliado por el emperador Claudio durante una década antes de ser llamado de nuevo a Roma para ser tutor del joven Nerón. Como director de operaciones imperiales en la corte, Séneca tuvo que manejar con sumo cuidado los deseos y directrices del CEO, un proceso delicado y astuto de gestión personal y política en sí mismo.

Como una de las voces más elocuentes del estoicismo, las obras de Séneca —tales como *Cartas morales* y *Sobre la brevedad de la vida*— ofrecen valiosas reflexiones sobre la ética personal y el liderazgo. Su destreza en la "sala de juntas" y su comprensión del panorama económico, en una época en que la economía romana enfrentaba desafíos constantes, son notables. La habilidad de Séneca para combinar la contemplación filosófica con la acción práctica le permitió asesorar con éxito a Nerón durante un tiempo, a pesar de que era complejo lidiar con un emperador conocido por sus arrebatos emocionales, su volatilidad y por ser impredecible.

Estoicos profundamente comprometidos, en conflicto como líderes y hombres de negocios

En el panorama actual de negocios, la toma de decisiones ética y el liderazgo moralmente sólido son más importantes que nunca, en especial en los mercados financieros. Con mucha frecuencia vemos a empleados y accionistas defraudados por liderazgos sin ética; pensemos en Elizabeth Holmes y el escándalo de Theranos, o en Sam Bankman-Fried y la bancarrota de FTX. Casos como estos demuestran que es vital recurrir a la sabiduría atemporal de los filósofos antiguos en medio del, a menudo, caótico juego entre los intereses lucrativos, las presiones competitivas y la seducción del éxito rápido. Las enseñanzas de Marco Aurelio y Séneca resuenan profundamente con los líderes de hoy, pues ofrecen lecciones esenciales sobre cómo ser un CEO ético y exitoso.

Marco Aurelio y Séneca no solo fueron filósofos relegados a la torre de marfil del conocimiento teórico: fueron líderes prácticos, involucrados en las complejidades de la gobernanza, el comercio y las finanzas. Sus vidas ofrecen un punto de vista único desde el cual explorar la intersección entre la filosofía estoica y la gestión empresarial. Al profundizar en sus teorías, descubriremos el impacto tan importante que tuvieron en los marcos éticos que exploramos hoy, así como en la dinámica práctica de administrar grandes organizaciones.

El liderazgo en la tormenta

Al comparar a Marco Aurelio y Séneca, tendremos que explorar sus enfoques de liderazgo y las presiones que enfrentaron al navegar en un espacio complejo para la gobernanza. Ambos ejemplificaron características esenciales para cualquier líder empresarial exitoso en la actualidad:

1. **Decidir éticamente.** Ambos líderes utilizaron el estoicismo como guía para tomar decisiones difíciles. Mientras que las reflexiones de Marco se centraban a menudo en la fortaleza interior y la humildad, Séneca enfatizaba la importancia de actuar de forma ética en el comercio. Ambos comprendían que el liderazgo exigía equilibrar la integridad personal con las presiones sistémicas y abogaban por tomar decisiones basadas en la moral. Querían que Roma fuera un buen ejemplo corporativo.

2. **Responsabilidad cívica.** Como líderes cívicos, los dos promovieron políticas que reflejaban una profunda preocupación por sus conciudadanos y ponían en práctica el ideal estoico de defender el bien común. Marco deliberaba con frecuencia sobre cómo implementar políticas que derivaran en el bienestar común, mientras que Séneca utilizó su influencia para promover la estabilidad económica en tiempos de crisis. Al ejercer un liderazgo responsable, los CEO pueden actuar en beneficio de los empleados, los socios financieros y la implementación de estrategias sólidas de MSG (Medioambientales, Sociales y de Gobernanza).

3. **Gestión de recursos.** La administración de vastos recursos durante sus mandatos fue una tarea compleja, comparable a la que enfrentan los líderes actuales. Desde la logística hasta el capital humano, sus experiencias ofrecen una guía útil para supervisar grandes operaciones y tomar decisiones estratégicas bajo presión. Una gestión financiera

sólida, basada en un manejo inteligente del flujo de efectivo, las ganancias y pérdidas, y el conocimiento del balance general, fue esencial tanto para Marco como para Séneca.

4. **Enfrentar la adversidad.** Cada uno enfrentó desafíos extraordinarios; Marco lidió con amenazas militares externas al Imperio y Séneca maniobró entre los peligros de la vida cortesana bajo el liderazgo de un gobernante volátil. Su habilidad para mantener la compostura estoica y la serenidad en medio del caos demuestra su resiliencia como líderes. Como cualquier otro buen CEO o de director operaciones, ambos actualizaban constantemente una matriz FODA (fortalezas, oportunidades, debilidades y amenazas) y un análisis de riesgos en todo el Imperio romano. Tenían que actuar con rapidez y precisión cuando surgían problemas, concentrando su tiempo, energía y recursos donde más importaba. Un buen ejemplo de ello es el tiempo que Marco pasó en el frente del Danubio conteniendo a los enemigos de Roma: como CEO, sentía que era su deber estar ahí, en el campo de batalla.

5. **Mentoría e influencia.** Ambos líderes asumieron roles de mentores, transmitiendo su sabiduría a sus consejeros y a la siguiente generación. Sin duda, los dos consideraban importante compartir sus principios estoicos y su legado se extiende más allá de sus vidas, a través de sus alumnos y seguidores a quienes inspiraron.

El estoicismo como modelo empresarial moderno

Al examinar los roles de Marco Aurelio y Séneca, revelamos un modelo de liderazgo único que es tanto teórico como práctico. A medida que exploremos sus ideas a lo largo de este libro, descubriremos cómo sus reflexiones sobre la autoridad moral, el liderazgo ético y la toma de decisiones estratégicas son aplicables al mundo corporativo contemporáneo.

Al tender un puente entre el estoicismo y sus aplicaciones prácticas en los negocios, este libro te mostrará cómo los líderes de hoy pueden aprender de los grandes estoicos a construir un negocio prospero que armonice las ganancias con la integridad, fomentando un éxito duradero que trascienda los resultados financieros. Guiados por la sabiduría de los antiguos estoicos, podemos redefinir nuestros caminos profesionales, con claridad y propósito, en el exigente entorno empresarial de hoy.

Resumen y reflexión

- Marco Aurelio y Séneca no solo fueron referentes filosóficos de la Antigüedad, sino líderes con responsabilidades ejecutivas, insertos en la dura realidad del Imperio romano. Su estoicismo no era teórico, era un modelo de liderazgo.

- Marco encarnaba el arquetipo del CEO, enfrentado al deber, la virtud personal y las presiones macroeconómicas. Séneca, en un papel comparable al director de operaciones, equilibraba la ética y la supervivencia política dentro de un régimen disfuncional.

- Ambos nos recuerdan que el liderazgo estoico no se trata de perfección, sino de perseverancia. Sus legados ofrecen a los CEO un posible modelo de liderazgo: claridad ética, control emocional, paciencia estratégica y, sobre todo, valor moral ante la volatilidad.

- Conforme avancemos más en este libro, sus historias servirán como una clara invitación: ser estoico en los negocios no se trata solo de gestionar resultados, sino de dominarse a uno mismo.

Capítulo 3

EL CONTROL SEGÚN LOS ESTOICOS

JOHN SELLARS

Las cosas que escapan a mi comprensión son nada en relación con mi comprensión. Domina esto y te mantendrás firme.

Marco Aurelio, *Meditaciones* 7.2

Resulta natural que los líderes quieran tener el control de muchas cosas. Sin embargo, una de las primeras lecciones que enseñan los antiguos estoicos es que, en realidad, controlamos muy poco del mundo que nos rodea. Las líneas iniciales del *Manual* de Epicteto dicen:

> *Algunas cosas dependen de nosotros y otras no.*
> *Nuestras opiniones, deseos, elecciones, aversiones y*
> *—en una palabra— todo lo que constituye*
> *nuestra propia acción dependen de nosotros.*
> *No dependen de nosotros nuestros cuerpos, bienes,*
> *reputación, trabajo ni —en una palabra—*
> *todo lo que no es nuestra propia acción.*
>
> Epicteto, *Manual* 1.1

Epicteto continúa y añade que nuestras propias acciones son siempre libres y no pueden ser impedidas, pero todas las cosas que no dependen de nuestras acciones —nuestro cuerpo, el dinero, el trabajo, la reputación— son, por naturaleza, débiles y están sometidas a un control externo. Esto es tajante e inalterable. No tenemos control sobre gran parte de las cosas que creemos controlar, insiste Epicteto. Lo único que realmente podemos controlar son nuestros propios pensamientos y creencias. Todo lo demás, como él lo expresa, "no depende de nosotros". Sin embargo, la mayoría pasamos gran parte del tiempo persiguiendo o preocupándonos por cosas que pertenecen a esta segunda categoría.

Para Epicteto, la clave para vivir una vida feliz está en comprender esta distinción y —aún más importante— en no clasificar erróneamente las cosas:

> *Si piensas que lo que es esclavizante por naturaleza es libertador y que lo ajeno es tuyo, entonces te sentirás limitado, sufrirás, te molestarás y culparás a todos. Sin embargo, si consideras como tuyo solo lo que te pertenece de verdad y como ajeno lo que no te pertenece, entonces nadie podrá controlarte, nadie podrá limitarte; no culparás ni reprocharás a nadie, no harás nada contra tu voluntad y no tendrás enemigos; nadie podrá hacerte daño, porque ningún daño podrá alcanzarte.*
>
> Epicteto, *Manual* 1.3

Como él mismo menciona en las *Disertaciones*, si no te importa que el tirano te corte la cabeza, entonces no hay nada que él pueda hacer para coaccionarte.[1] Por supuesto, es un ejemplo extremo, pero el principio general puede aplicarse a una amplia variedad de situaciones: cuanto mayor sea nuestro apego a ciertas cosas o resultados, mayor será nuestra decepción cuando los acontecimientos no salgan como queremos. El argumento de Epicteto es que, *por definición*, las cosas y los eventos externos nunca están del todo bajo nuestro control; por lo tanto, si atamos nuestra felicidad a ellos, nos convertimos en rehenes del destino. Aunque muchas personas pueden pensar que esto es una condición inevitable, Epicteto insiste en que es algo que *podemos elegir.* Si atamos nuestra felicidad a cosas que "no dependen de nosotros", entonces nuestra felicidad no dependerá de nosotros.

Si esto te suena como el discurso de un filósofo ingenioso que habla a partir de la teoría sin saber cómo aplicarlo en la práctica, vale la pena recordar que, durante buena parte de su vida, Epicteto fue un esclavo que tenía poco control sobre los aspectos externos de su propia existencia. Por fortuna, la mayoría de nosotros no tiene idea de lo que eso significa, pero en esas circunstancias extremas, es probable que Epicteto entendiera muy bien qué estaba bajo su control y qué no. Sabía lo que podían quitarle, pero también sabía lo que *nadie* podía arrebatarle.

Epicteto presenta esto como un contraste directo y contundente para sacudirnos de nuestras formas habituales de pensar. En la práctica podemos intentar influir en cosas que no dependen de nosotros. Podemos cuidar nuestro cuerpo, aunque no podamos garantizar que no se enferme o se lesione; podemos esforzarnos por alcanzar metas, aunque no podamos asegurar completamente que tendremos éxito. Pero, el hecho de que no podamos controlar del todo el resultado no significa que debamos rendirnos y no hacer nada. Si queremos evitar vivir frustrados y desilusionados, debemos tomar en cuenta esta idea central del estoicismo: las únicas cosas que controlamos por completo son nuestras propias acciones; juicios, creencias y decisiones.

Si esto sugiere que no controlamos gran cosa, Epicteto lo reduce aún más. Nuestras creencias y decisiones son, en última instancia, el resultado de nuestros juicios de valor. Si considero que algo es bueno, útil o bello, entonces creeré que vale la pena tenerlo y elegiré conseguirlo. Mis decisiones y deseos serán, así, el resultado de mis juicios de valor. Epicteto resumió esta idea en una frase célebre:

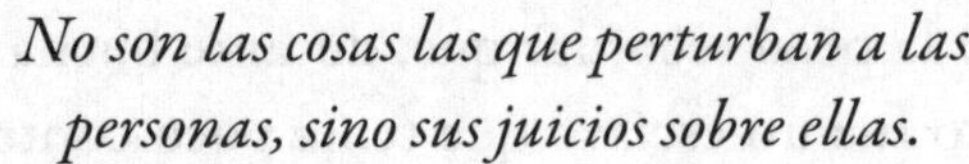

> *No son las cosas las que perturban a las personas, sino sus juicios sobre ellas.*
>
> Epicteto, *Manual* 5

Todo lo que nos sucede, y el que lo encontremos desagradable o no, depende de nuestros juicios de valor. Nos damos cuenta de ello al observar que las personas reaccionan de maneras muy distintas ante la misma situación: algunas permanecen tranquilas y en gran medida indiferentes, mientras que otras se muestran visiblemente alteradas. Por supuesto, existen algunos eventos extremos ante los cuales *todos* se muestran afligidos. No obstante, la mayor parte de nuestras vidas está ocupada por acontecimientos ordinarios que pueden o no ser perturbadores, dependiendo de cómo se juzguen. Esta idea, formulada por Epicteto, inspiró a Albert Ellis y a otros a desarrollar las terapias cognitivo-conductuales en el siglo XX.[2] La teoría de los estoicos sobre el control no es una mera curiosidad histórica, sino el fundamento de buena parte de la psicoterapia moderna.

El hermano enojado

Una de las muchas cosas que no controlamos —y que, a menudo, puede causarnos gran frustración— son las demás personas. No controlamos lo que hacen, dicen ni lo que piensan. Esta es la consecuencia inherente al hecho de que nadie pueda controlar lo que *nosotros* hacemos, decimos o pensamos. Funciona en ambos sentidos. Un ejemplo notable de esto se relata en las *Disertaciones* de Epicteto: un hombre fue a visitarlo un día, intranquilo porque su hermano estaba enojado con él. "¿Cómo puedo lograr que mi hermano deje de estar enojado conmigo?", preguntó el hombre. Epicteto respondió lo siguiente:

> *La filosofía no pretende asegurarle nada externo al ser humano. Si lo hiciera, estaría intentando actuar fuera de su ámbito.*
>
> Epicteto, *Disertaciones* 1.15.2

Un poco exasperado, el hombre insistió: "Pero ¿cómo logro que mi hermano deje de estar enojado conmigo?". Epicteto respondió:

> *Tráelo aquí y se lo diré. Pero no puedo decirte nada sobre su enojo; eso le pertenece a él.*
>
> Epicteto, *Disertaciones* 1.15.5

La lección es sencilla: el hombre no podía controlar el enojo de su hermano. La única persona que podía hacer algo al respecto era el hermano mismo. Lo que el hombre *sí* puede hacer es ocuparse de *su propia* reacción ante el enojo ajeno. No podemos controlar las emociones de los demás, pero sí podemos controlar nuestras *reacciones* frente a ellas. Como hemos visto, lo que controlamos es nuestro propio juicio, el cual da forma, a su vez, a nuestra respuesta emocional. En lugar de centrar la atención en cómo se comportan los demás —algo que "no depende de nosotros"—, debemos enfocarla en cómo juzgamos las acciones ajenas, pues es lo único sobre lo que tenemos control.

Antípatro sobre el tiro con arco

No solo no controlamos a otras personas, sino que ni siquiera controlamos el resultado de nuestras propias acciones. Podemos decidir lo que *queremos* hacer, pero no si tendremos éxito. El filósofo estoico Antípatro, que enseñó en la Stoa de Atenas, ilustró esto con la siguiente analogía:

> *Tomemos el caso de alguien que debe arrojar*
> *una lanza o una flecha directamente hacia un blanco.*
> *El objetivo de esa persona es hacer todo lo*
> *que está en su poder para lanzar con precisión,*
> *y lo mismo aplica para nosotros.*
> *Como en el ejemplo, hay que lanzar con*

precisión; sin embargo, la meta real es hacer todo lo posible para lograr el objetivo.[3]

Cicerón, *Sobre los fines* 3.22

La idea detrás es la siguiente: el arquero que dispara una flecha nunca puede *garantizar* que acertará en el blanco porque, una vez disparada, pueden intervenir múltiples factores que lo impidan, como una ráfaga de viento inesperada. Lo mismo se aplica al capitán de un barco que, por muy hábil y experimentado que sea, no puede garantizar que llegará sano y salvo al puerto, pues no tiene control sobre el clima. Asimismo, un médico, por muy experto que sea, no puede garantizar que salvará a todos sus pacientes; existen demasiadas variables que pueden influir en el resultado. En todos estos casos, Antípatro sugiere que lo prudente no es concentrarse en el resultado, sino en *hacer lo mejor posible* para alcanzarlo. El objetivo del médico no debe ser salvar a todos sus pacientes —lo que lo condenaría al fracaso, la angustia y la decepción—, sino el propósito más realista y alcanzable de *hacer todo lo que esté en su poder* para ayudarlos. Para el arquero, la meta no es dar en el blanco, algo que está fuera de su control, sino lanzar con tanta precisión como pueda. Acertar en el blanco es algo "preferible" y deseamos que ocurra, pero no es el objetivo inmediato. En lugar de enfocarnos en el resultado, debemos dirigir nuestra atención a la actividad y al desarrollo de las habilidades necesarias para realizarla lo mejor posible. Por supuesto, cuanto más las perfeccionemos, más probable será que acertemos en el blanco o salvemos al paciente, aun cuando esos resultados no puedan garantizarse.

Antípatro utilizó este ejemplo como una analogía. El punto que quería destacar es que debemos pensar como el arquero en cualquier situación. Lo más importante no es el resultado que no podemos controlar, sino lo que *sí controlamos.* Cuando pensamos en la ética, podríamos decir que lo más importante es tener buenas intenciones. En la vida en general, importa más hacer lo mejor que podamos, con la confianza de no habernos fallado a nosotros mismos por falta de esfuerzo o de integridad, que el resultado de las cosas. Incluso en las peores situaciones, si podemos retirarnos con la certeza de haber actuado lo mejor posible, evitaremos, con suerte, sentimientos de decepción abrumadores. No dimos en el blanco esta vez, pero al menos hicimos todo lo posible por disparar con precisión.

En su libro *Busy: How to Thrive in a World of Too Much*, Tony Crabbe sugiere que debemos renunciar a la idea de tener el control total y sustituirla por la idea de dominio.[4] Con toda la información y las exigencias imprevistas de la vida moderna, ahora es prácticamente imposible estar al tanto de todo y sentir que tenemos el control. El riesgo es vivir con la sensación constante de estarnos ahogando.

Crabbe propone que renunciemos a la ambición poco realista de tener control total y, en su lugar, dirijamos nuestros esfuerzos a dominar las habilidades clave que necesitamos para ejercer nuestros roles. De esta forma, en lugar de sentir que nos ahogamos entre la información y las exigencias, tendremos una renovada sensación de control al concentrarnos —como diría Epicteto— en lo que "depende de nosotros" y no en lo que está fuera de nuestras manos. Si bien no menciona el estoicismo, el consejo de Crabbe para manejar las exigencias de la vida moderna coincide con el de los estoicos: enfócate en lo que puedes controlar, en desarrollar tus propias habilidades y dominio, no en lo que no puedes controlar: el resultado final.

Diario de un antiguo CEO

Epicteto fue esclavo gran parte de su vida y era consciente de lo poco que podía controlar. Uno de sus lectores más devotos —el emperador Marco Aurelio— vivió en el extremo opuesto de la escala social, con todas las libertades y privilegios que el mundo antiguo podía ofrecer. Las *Meditaciones* fueron escritas originalmente como un diario, un cuaderno personal en el que registraba sus reflexiones sobre la vida en la cumbre del poder. Y aunque a primera vista podría parecer que tenía mucha más libertad y poder que Epicteto, las presiones de su papel como emperador le dificultaban mantener una sensación de control ante las innumerables exigencias y demandas que lo asediaban desde todos los flancos. El emperador necesitaba la guía del esclavo.

Marco se recordaba a sí mismo que muchas cosas estaban fuera de su control; por ejemplo, las demás personas y lo que hacían, lo que otros pensaban de él, su reputación póstuma, su salud física (que a menudo no era buena) y cuánto tiempo viviría. Si hubiera dependido de él, es indudable que habría preferido llevar la vida tranquila de un estudioso académico; su temperamento era el de un intelectual y había pasado muchos años de su juventud estudiando filosofía con algunos de los principales estoicos de su época. Pero las circunstancias habían conspirado para convertirlo en emperador y sintió que su deber era asumir el cargo y desempeñarlo lo mejor que pudiera. Marco escribió sus reflexiones mientras estaba en el frente, combatiendo contra las tribus germánicas en Europa central. No había manera de que pudiera garantizar el resultado del conflicto ni el destino del Imperio romano bajo su cargo; todo lo que podía hacer era concentrarse en sus propios juicios, decisiones y acciones. En las *Meditaciones* se recuerda constantemente este hecho. Su lista de cosas fuera de su control incluye:

- Todos los acontecimientos y las circunstancias externas.
- Su propio cuerpo, que puede enfermarse o dañarse sin que pueda intervenir.
- Cualquier cosa en su mente que no sea su propia actividad.
- Cualquier cosa del pasado que, por definición, no puede cambiarse.
- Cualquier cosa del futuro que no existe en el momento presente.

¿Qué le queda entonces? Lo único que Marco —el hombre más poderoso del mundo occidental— consideraba tener bajo control eran sus propias acciones en el presente:[5] "¿Qué puedo hacer aquí y ahora?". Como ya vimos en la analogía del tiro con arco, todo lo que uno puede hacer aquí y ahora es intentar lograr algo; no es posible garantizar el éxito. El tiempo y la energía gastados en preocuparse por el resultado solo restarán recursos mentales para actuar de la mejor manera posible.

Si bien este puede parecer un margen de acción extremadamente pequeño, Marco también destaca que tiene un aspecto positivo. Como todos los demás estoicos, Marco cree que la clave para vivir una vida buena y feliz consiste en cultivar la mentalidad correcta y un carácter excelente. Volveremos a este tema en el capítulo 5. Por ahora, el punto clave está en que nuestro carácter moldea —y a la vez es moldeado— por nuestros juicios y acciones. Lo que hacemos aquí y ahora —es decir, lo único que tenemos bajo control— determina qué tan bien vivimos, sin importar el resultado. Así, aunque en apariencia controlamos muy poco, lo esencial para nuestro bienestar está en nuestras manos. Si lo único que es en verdad bueno es actuar bien y lo único en verdad malo es actuar mal, entonces tenemos control total sobre lo bueno y lo malo en nuestras vidas.[6] Todo lo demás —el éxito o el fracaso, los acontecimientos inesperados, lo que otros dicen o hacen—nos afectará de distintas maneras sin que podamos evitarlo, pero nada de ello es bueno o malo por sí mismo. Tenemos *control total* sobre lo que realmente importa.

Como emperador, es probable que Marco pasara mucho tiempo sintiendo que carecía de control, plenamente consciente de los problemas que no podía resolver, de las guerras de las que no podía escapar, de las crisis que no podían evitarse. El hecho de que reflexionara sobre estos temas en *Meditaciones* sugiere que eran asuntos que le resultaban difíciles de afrontar. Como respuesta, se recordaba a sí mismo que, a pesar del ruido externo y de los desafíos que enfrentaba constantemente, la única cosa que en verdad importaba permanecía bajo su entero control. Por muy caóticas que parecieran las cosas, nadie podía arrebatarle eso.

Capítulo 4

ENTENDIENDO EL CONTROL

JUSTIN STEAD

Tienes poder sobre tu mente, no sobre los acontecimientos externos. Reconócelo y encontrarás fortaleza.

Marco Aurelio, *Meditaciones* 8.47

Comprender los límites de su control puede mejorar de manera significativa la capacidad de un CEO para tomar decisiones y permitirle ser un líder más eficaz y orientado al éxito de su organización. Lo más relevante sobre este concepto estoico fundamental es que evidencia la falta de comprensión acerca de cuánto control realmente tiene un CEO. En mi experiencia, hay muchos más factores fuera de mi control que dentro de él. No me di cuenta de esto hasta que ocupé la dirección de una empresa por primera vez, a los treinta y nueve años.

Tenía la idea equivocada de que un CEO podía resolver todos los problemas agitando su varita mágica de control ejecutivo. Durante años, observé el trabajo de algunos de los mejores CEO de marcas y comercios minoristas del mundo. A menudo, los juzgué de manera sesgada: me fijaba solo en el poder que ejercían y no en su verdadera capacidad de influencia.

Comprender la dicotomía del control como CEO

1. **Lo que está dentro de nuestro control o poder de influencia.** Aspectos de nuestra vida, acciones y decisiones sobre las que podemos influir. Para un CEO, esto incluye su respuesta a los desafíos, la visión estratégica establecida

para la empresa, su estilo de liderazgo y la cultura organizacional que busca construir.

2. **Lo que está fuera de nuestro control o influencia.** Factores externos que están fuera de nuestro margen de acción, como las condiciones del mercado, las acciones de la competencia, los cambios en las normas, e incluso las opiniones y los comportamientos de los accionistas. Si bien podemos prepararnos para estos factores y responder a ellos, no podemos controlarlos directamente.

Notarás que, junto con las cosas que están dentro o fuera de nuestro control, he incluido aquellas en las que podemos *influir*. Hice esto porque, a menudo, no se reduce a decir "tengo control" o "no tengo control": la oficina del CEO puede influir en una situación en lugar de controlarla y, aun así, obtener buenos resultados.

Como un joven CEO, cometí errores al pensar que si hablaba el tiempo suficiente o de manera muy franca —en ocasiones, alzando la voz—, podía controlar los resultados. ¿Cómo supe que estaba equivocado? Los resultados quedaron por debajo de los objetivos empresariales que quería alcanzar y, más importante aún, percibía que no estaba logrando poner al equipo de mi lado ni sumar su apoyo a la transformación cultural que necesitábamos para tener éxito. La gente no se comprometía (aún).

Lo que comprendí en los meses y los años siguientes —sobre todo a medida que se fortalecía el equipo de líderes en las diferentes áreas— fue que ejercer influencia a distancia resultaba más eficaz para un CEO que intentar controlar de manera directa un posible resultado. Al alejarme y no tratar de resolver cada problema personalmente, di espacio a los equipos para analizar cada asunto con mayor profundidad y debatir a fondo. Esto derivó en una mejor comunicación y colaboración para resolver problemas, con equipos más comprometidos con la estrategia general de la empresa y menos enfocados en buscar mi aprobación como CEO.

En la práctica, un gran ejemplo de esto es la evolución del comercio electrónico y los canales digitales, mismos que hoy constituyen la columna vertebral de prácticamente todas las marcas minoristas en el mundo. Desde finales de los noventa, todos los minoristas y las marcas querían expandir su negocio de comercio electrónico de manera eficiente. Esta estrategia se combinaba con la inversión continua en abrir sucursales alrededor del mundo. Sin embargo, las limitaciones de presupuesto no permitían que todas las nuevas tiendas se abrieran al mismo tiempo que se mantenía la inversión continua en infraestructura y mercadotecnia para el comercio electrónico. Considerando el presupuesto disponible del año, debíamos decidir cuántas tiendas podían abrirse, cuánto dinero podía destinarse a la expansión de las sucursales existentes y cuánto podía invertirse en el fortalecimiento del canal de comercio electrónico a mediano y largo plazos.

Durante estas discusiones dentro de mi empresa, a menudo dejaba que los equipos debatieran sobre las ubicaciones de las tiendas físicas contra el crecimiento del comercio electrónico a largo plazo y los requerimientos presupuestales del año, sin involucrarme. Dentro del presupuesto había millones de libras en gastos de capital por asignar, vinculados a una estrategia con objetivos claros de retorno de inversión. Al fomentar el debate y no dictar instrucciones desde arriba, los equipos propusieron soluciones creativas y fascinantes. Recuerdo que, una vez, la renovación completa de una importante sucursal en Londres, presupuestada en dos millones de libras, se redujo a menos de quinientas mil libras para una remodelación más ligera, y el saldo restante se destinó a la estrategia de crecimiento digital y otros proyectos de comercio electrónico.

Tenía el control ejecutivo para gastar dos millones de libras, pero al abstenerme del deseo de controlarlo todo, la *influencia* del CEO ayudó a llegar a una solución más eficaz de la que yo habría alcanzado tomando el control del proceso.

El papel de la dicotomía del control para que los CEO tomen mejores decisiones

1. **Mayor enfoque en las áreas accionables.** Al reconocer los límites de su control, los CEO pueden redirigir su atención hacia acciones y decisiones dentro de su alcance. Esta claridad ayuda a eliminar la pérdida de tiempo y energía en factores externos que no pueden cambiar, lo que permite que planifiquen y ejecuten de forma más estratégica y productiva.

2. **Reduce la ansiedad y el estrés.** Comprender lo que está y lo que no está bajo su control permite que los CEO cultiven la resiliencia ante la incertidumbre. Al enfrentar desafíos o crisis, enfocarse en las variables controlables puede

disminuir el estrés y la ansiedad, permitiéndoles tomar decisiones bajo presión de forma más clara y racional.

3. **Promueve un liderazgo empoderado.** Un CEO que adopta la dicotomía del control fomenta un entorno de empoderamiento dentro de su organización. Al alentar a los miembros del equipo a asumir su responsabilidad —enfocándose en lo que *sí pueden* controlar—, promueve una cultura de responsabilidad, iniciativa e innovación, lo que puede conducir a un mejor desempeño general.

4. **Ayuda a gestionar el riesgo de forma estratégica.** Al reconocer las incertidumbres de su entorno, los líderes pueden desarrollar estrategias sólidas de manejo del riesgo. En lugar de intentar controlar los factores externos, pueden preparar planes de contingencia y estrategias de adaptación que contemplen diversos escenarios, aumentando con ello la resiliencia organizacional.

5. **Mejora la comunicación con los accionistas.** Comprender la dicotomía del control ayuda a los CEO a comunicarse de manera efectiva con los accionistas. Al acotar las conversaciones a lo que está, de manera realista, dentro de su control y lo que no, un CEO puede establecer expectativas adecuadas, generar confianza y fomentar la transparencia en los procesos y resultados de la toma de decisiones.

6. **Permite una visión a largo plazo.** La dicotomía del control impulsa una visión a largo plazo. Al enfocarse en los

valores, la misión y los objetivos estratégicos —elementos que están bajo su control—, los CEO son capaces de dirigir sus empresas con un propósito definido. Esta visión a largo plazo orienta las decisiones cotidianas y brinda inspiración a sus equipos, incluso cuando las circunstancias externas cambien.

La dicotomía del control es una herramienta poderosa para los CEO, ya que agudiza su capacidad para tomar decisiones y, en última instancia, aumenta la eficiencia de la empresa. Al entender su marco de influencia, los líderes pueden enfocarse mejor, ser más resilientes y más estratégicos para garantizar el éxito de sus organizaciones en un panorama de mercado impredecible. Adoptar este concepto no solo incrementa las capacidades de liderazgo individual, sino que también fomenta una cultura organizacional más sana y proactiva. La influencia indirecta es tan importante como las decisiones que se toman desde la "oficina del CEO", siempre que se ejerza el poder ejecutivo con cuidado, dentro de una estrategia bien articulada y clara en toda la organización.

Mientras leo las *Meditaciones* cada mañana, como lo he hecho durante décadas, tengo la fuerte impresión de que Marco Aurelio, aun siendo el soberano supremo del Imperio romano, pasaba gran parte de su tiempo en silencio, reflexionando y siendo consciente de sus propios estados de ánimo y emociones. También era un agudo observador del comportamiento de los otros, de las situaciones y de los posibles resultados. Sabía que su control era limitado, aunque quizá su influencia era más amplia; como resultado, ejercía su poder de una forma más eficaz.

Resumen y reflexión

- El papel de un CEO no es ser un comandante todopoderoso, sino un estratega con discernimiento, alguien que debe conocer el límite entre la influencia y el control. El verdadero liderazgo no surge de la microgestión, sino de empoderar a los equipos y fomentar la claridad en medio del caos.

- La influencia puede generar mejores resultados que la intervención directa, pues otorga a los equipos el poder y la libertad de descubrir soluciones creativas de manera independiente. Conocer la diferencia entre lo que puedes controlar y en lo que puedes influir aporta claridad y sentido. La dicotomía del control no debilita la autoridad del líder; fortalece su posición dentro de la empresa.

Capítulo 5

¿QUÉ ES EL CARÁCTER?

JOHN SELLARS

La perfección de carácter consiste en esto: vivir cada día como si fuera el último, sin fervor ni apatía, y sin fingir ser alguien más.

Marco Aurelio, *Meditaciones* 7.69

Imagina un ladrillo colocado sobre una superficie plana. Lo empujas con el dedo. Es bastante pesado, así que tienes que aplicar algo de fuerza. El ladrillo se mueve mientras ejerces presión, pero en cuanto retiras el dedo, se detiene. Ahora imagina que empujas con la misma fuerza una pelota del mismo peso sobre la misma superficie y empieza a moverse. A diferencia del ladrillo, se desliza con bastante facilidad y —esta es la diferencia clave— sigue moviéndose incluso después de que dejas de empujarla; rueda por sí sola.

¿Cuál es la diferencia entre el ladrillo y la pelota? ¿Por qué responden de manera distinta a la misma fuerza externa? La respuesta es obvia: tienen formas diferentes. La forma del objeto determina su respuesta a la interacción con fuerzas externas.

Los estoicos utilizaban analogías como esta para reflexionar sobre el carácter.[1] El mundo nos sorprende con una abrumadora variedad de fuerzas externas y la manera en que respondemos a ellas está determinada por nuestro carácter. Imagina a tres personas muy distintas que enfrentan el mismo peligro. Una podría estar demasiado nerviosa para hacer algo y quedarse paralizada. La segunda podría atacar impulsivamente, poniéndose en riesgo a sí misma y quizá a otros, mientras que la tercera podría enfrentar la situación con valentía pero con cautela. En el lenguaje tradicional de las virtudes, describiríamos a estas tres personas como cobarde, temeraria y valiente. Lo importante es que su comportamiento no está determinado por la *situación*, que es la misma para las tres, sino por su *carácter*.

Cuando pensamos en el carácter de esta manera, lo que viene a nuestra mente son las creencias y los valores de una persona, su carácter y sus formas habituales de pensar y actuar. Estas características están estrechamente interrelacionadas. Ya hemos visto a Epicteto insistir en que lo único que controlamos en realidad son nuestros juicios de valor. Estos dan forma a nuestros pensamientos ("esto es bueno"), lo que a su vez determina lo que hacemos ("voy a intentar conseguirlo"). Si repetimos la misma acción, comenzaremos a desarrollar un hábito: por ello, nuestro carácter es, en esencia, la suma de nuestros hábitos de conducta. Si cambias tus juicios podrás cambiar tus hábitos; si cambia tus hábitos podrás cambiar tu vida.

Buen carácter

El carácter determina cómo respondemos a lo que sucede en nuestro contexto. Alguien propenso a la ira —es decir, alguien con el hábito de juzgar que algo es terrible cuando los acontecimientos no salen como desea— tiene cierto tipo de carácter: uno que los estoicos considerarían malo. ¿Por qué? Por dos razones: primero, porque no es capaz de tomar decisiones calmadas y racionales; y segundo, porque no logra identificar dónde reside el verdadero bien y el verdadero mal. Como hemos visto, los estoicos sostenían que el verdadero bien y el verdadero mal residen dentro de nosotros, en nuestros juicios y acciones; pero ¿por qué tenían esta visión?

Basándose en ideas desarrolladas en un inicio por Sócrates, los estoicos argumentaban lo siguiente. Las cosas externas, como la riqueza o la fuerza física, que la mayoría de las personas considera intrínsecamente buenas, no lo son; pueden emplearse tanto de buena como de mala manera.[2] Mientras que una persona que gana la lotería podría compartir sus ganancias con amigos y familiares necesitados, otra podría caer en una espiral autodestructiva de excesos y alcoholismo. Una persona con un físico fuerte podría usar su presencia para intimidar a quienes son más débiles que ella o para protegerlos de otras amenazas. En ambos casos, lo que alguien hace con su dinero o su fuerza no proviene de lo externo sino de su carácter, pues este determina cómo utiliza los agentes externos. Si alguien tiene una personalidad autodestructiva o propensa a las adicciones, ganar una gran suma de dinero podría ser lo peor que le podría suceder.

Las virtudes

Así pues, el carácter es la clave. Este determina cómo nos comportamos, cómo respondemos a las situaciones externas y qué hacemos con los estímulos del exterior. Alguien con mal carácter nunca podrá vivir una vida buena y feliz, sin importar que siempre parezca ser exitoso. Pero ¿qué queremos decir exactamente con "tener buen carácter"? Los estoicos lo describían refiriéndose a una serie de virtudes. El término "virtud" puede parecer anticuado y no es una palabra que escuchemos con frecuencia. La palabra griega de la que procede, ἀρετή (*areté*), alude a algo excelente o admirable. Ser virtuoso es ser ejemplar. Incluso hoy podríamos decir que un nuevo producto o dispositivo está dotado de muchas virtudes. Los estoicos solían decir que las personas buenas y admirables eran personas virtuosas y que las virtudes individuales siempre venían juntas en un mismo paquete; no se podía tener una sin las otras. Las cuatro virtudes centrales son justicia, valentía, templanza (o autocontrol) y sabiduría (o prudencia). De acuerdo con los estoicos, estos son los rasgos de carácter que definen a una buena persona.

Al igual que "virtud", los términos "valentía" y "justicia" pueden sonar muy grandilocuentes y quizá un poco intimidantes. En la actualidad, ¿quién afirmaría encarnar esas cualidades? No hay razón para sentirse intimidado, pues todos podemos identificarnos con las ideas fundamentales de cada virtud. Decir que alguien es "justo" simplemente significa que trata bien a los demás. Aunque puede parecer que valentía está reservada para los campos de batalla, las personas pueden mostrarla en una amplia gama de situaciones cotidianas, como cuando sienten miedo o nervios al hacer lo correcto, pero lo hacen de todos modos. La templanza, también llamada autocontrol, es más sencilla de entender, aunque, como todos sabemos, a veces es difícil de practicar. La prudencia es simplemente la capacidad de tomar buenas decisiones, evaluando cuidadosamente su complejidad en lugar de actuar impulsivamente y sin prestar la debida atención a las consecuencias. Epicteto dice que el tipo de personas que admiramos siempre es evidente: nadie elogia a un tramposo, a un cobarde, a alguien sin autocontrol o a alguien que suele tomar malas decisiones.[3] Aun si nunca lo hayamos pensado en esos términos, es casi seguro que, de manera implícita, la mayoría de nosotros admiremos las cuatro virtudes estoicas fundamentales.

Los beneficios de la virtud

En este sentido, podemos decir que alguien que posee estas virtudes es admirable. Pero ¿cuáles son los beneficios de ser virtuoso? ¿Ser una persona buena y admirable entra en conflicto con hacer lo que es mejor para nosotros? ¿Existe algún conflicto entre hacer lo correcto y actuar en nuestro propio interés? Estas fueron preguntas que los estoicos abordaron de manera directa.

Al inicio de este capítulo señalamos que las cosas externas que la mayoría de las personas tienden a considerar buenas —como el dinero, el estatus, la salud y la fuerza— no son por naturaleza buenas porque pueden aprovecharse tanto para el bien como para el mal.

Los estoicos defienden que las virtudes son buenas por sí mismas, precisamente porque *siempre* nos benefician. La persona con dinero que es justa, templada y prudente sabe cómo usarlo de manera efectiva y, por lo tanto, puede beneficiarse de su riqueza. Pero los estoicos argumentan que lo mismo aplica a alguien sin mucho dinero. Esa persona también se beneficiará de ser justa, moderada y prudente al enfrentar los desafíos de salir adelante con recursos limitados. En otras palabras, sin importar cuáles sean las circunstancias, *siempre* vale la pena ser virtuoso. Por eso las virtudes son intrínsecamente buenas.

La siguiente pregunta que plantearían los estoicos es: ¿dónde radica tu interés propio? ¿Perseguir cosas externas, como la riqueza y el estatus, o desarrollar un buen carácter? A estas alturas, la respuesta debería ser bastante evidente. Si un buen carácter siempre nos beneficia, pero las cosas externas pueden perjudicarnos si las usamos mal, entonces, es evidente que debemos priorizar el desarrollo del carácter por encima de la búsqueda del éxito externo. El carácter nos ayudará en momentos difíciles y nos permitirá manejar y disfrutar el éxito en los buenos tiempos. Dondequiera que estemos en la vida, necesitamos tener buen carácter.

Perseguir el éxito externo

Podría pensarse que los estoicos son bastante indiferentes al éxito externo en la vida. Epicteto solía decir cosas que refuerzan esa impresión, tal como su explicación sobre lo que controlamos y lo que no. Parecería que sugiere que nos concentremos solo en lo que podemos controlar —nuestros pensamientos y juicios— y no prestar atención a lo demás. Sin embargo, esa es una idea falsa, pues los estoicos pensaban que era completamente natural que las personas persiguieran todas las cosas externas que les permitieran sobrevivir y disfrutar el éxito. Todos nacemos con un instinto natural de supervivencia y hacemos lo necesario para obtener comida, agua, refugio y todas las demás cosas que necesitamos para vivir. Cuidamos nuestra salud y proveemos a nuestras familias por instintos naturales parecidos. Todo esto es normal y adecuado, insisten ellos. Podríamos considerar que una persona que descuida por completo su propio bienestar —indiferente a su salud, quizá deprimida, sin preocupación por su futuro— es alguien que no está funcionando de la manera correcta; algo está mal con ella.

Así pues, los estoicos insisten en que es del todo natural que busquemos el éxito, la riqueza, la buena salud y todas las demás cosas externas que añaden valor a una buena vida. En sus palabras, estas cosas siempre son "preferibles" a sus opuestos. Nadie elegiría por decisión propia estar enfermo o batallar para satisfacer las necesidades básicas de la vida. Pero —y esta es la clave— estas cosas *nunca* son tan importantes como tener un carácter bueno y virtuoso. Como hemos visto, sin él, puede que ni siquiera nos beneficiemos de todas esas cosas externas si llegamos a obtenerlas. El carácter siempre va primero.

Esto lleva a los estoicos a advertirnos que nunca debemos comprometer nuestro carácter en la búsqueda del éxito externo o del dinero. Hacerlo sería destruir la única cosa que necesitamos para poder apreciar y beneficiarnos de cualquier éxito que tengamos.

La virtud es su propia recompensa

Cuando Séneca fue consejero del joven Nerón, trató de enseñarle el valor de actuar de manera virtuosa. Hacer lo correcto nunca debe hacerse pensando en que podría traer algún beneficio más adelante. Solo debe hacerse porque sí, porque es lo correcto.

> *El verdadero beneficio de las acciones virtuosas*
> *reside en el hecho mismo de realizarlas*
> *y no hay recompensa adecuada para las*
> *virtudes aparte de las virtudes mismas.*
>
> Séneca, *Sobre la clemencia* 1.1.1

De manera similar, si hacemos un favor a alguien o le damos un regalo, Séneca aconseja que no esperemos nada a cambio. Lo que importa es la acción de ayudar y la alegría que eso genera tanto en nosotros como en las otras personas. Si en el futuro ellos pueden ayudarnos, por supuesto que eso será bienvenido, pero no debe entenderse como un reembolso. No debemos considerar que quienes ayudamos tienen una deuda con nosotros y eso debe ser claro. El tamaño del regalo o el grado del apoyo tampoco son relevantes; lo que importa es tener la buena intención de ayudar a otros sin tratar de obtener algo a cambio.

Pero esto no se trata de puro altruismo. Los estoicos creen que *sí* obtenemos un beneficio en esta situación; de hecho, piensan que obtenemos un beneficio tangible. Al realizar acciones virtuosas —por la razón correcta, sin pensar en recompensas materiales ni en compensaciones— desarrollamos y consolidamos un carácter virtuoso, la única cosa que es en verdad buena y que realmente nos beneficia. Y, por supuesto, como dice la frase, "el bien atrae el bien". La persona que trata a los demás con justicia y respeto construirá, con el tiempo, una buena reputación y será percibida como alguien deseable para trabajar y hacer negocios. El empleador que adquiere fama de tratar con decencia y equidad a su personal difícilmente tendrá problemas para retener o atraer talento. Los costos mínimos que implican "hacer lo correcto" se verán más que compensados por otros beneficios a futuro. Sin embargo, como Séneca insiste, esto no se hace como parte de un plan complejo; se hace porque es lo correcto y porque quieres ser el tipo de persona capaz de hacer lo correcto. En el proceso te vuelves ejemplar.

Capítulo 6

CONSTRUYENDO INTEGRIDAD COMO LÍDER

JUSTIN STEAD

No pierdas más tiempo discutiendo cómo debe ser un hombre bueno. Conviértete en uno.

Marco Aurelio, *Meditaciones* 10.16

Existe un viejo dicho: "No hay sustituto para la experiencia", y podría añadirse una capa más a esta afirmación: "No hay sustituto para la experiencia y la formación del carácter".

En mi opinión y de acuerdo con las personas con las que he trabajado a lo largo de mi carrera, siempre estado comprometido con la honestidad. Esto podría parecer una afirmación extraña, pero todos sabemos que las personas suelen decir una cosa mientras piensan otra; o peor aún, engañan a los demás. En muchos entornos empresariales, esta brecha entre las palabras y las intenciones es especialmente amplia, sobre todo cuando se trata de conversaciones entre los empleados y el CEO. Los trabajadores suelen decir lo que creen que el CEO quiere escuchar y ocultan la realidad de la situación con la que están lidiando o que tratan de resolver.

Es una verdad universal reconocida entre los líderes que solemos aprender más de nuestros fracasos que de nuestros éxitos. En lo personal, mis tropiezos me han dolido profundamente y me ha tomado tiempo aprender, y superarlos de manera efectiva. La combinación de elementos como ser honesto y directo, al mismo tiempo que ambicioso y capaz de aprender de los errores, no solo constituye el camino hacia una carrera exitosa, sino también hacia un buen carácter.

Uno de mis más grandes mentores, Richard Gundy, presidente de Fossil Group, durante el notable crecimiento de la empresa como una potencia global en accesorios, me enseñó lecciones invaluables sobre el carácter. Cuando trabajé bajo su guía en 2003, supervisando el negocio en Estados Unidos y las ventas globales de relojes Fossil, fui testigo de primera mano de la importancia del carácter al enfrentar un desafío.

Una lección temprana sobre el carácter

Se presentó una situación en especial difícil con una socia importante en Estados Unidos, relacionada con el margen de ganancias obtenido después de la temporada navideña. Este es un periodo conocido por la tensión que genera en las relaciones entre marcas y vendedores minoristas, durante el cual los vendedores suelen tener mayor influencia. Anticipaba tener una conversación complicada con nuestra socia comercial más importante porque, al concluir la temporada, no estaríamos aportando margen de ganancia a sus resultados durante ese lapso. Me preparé meticulosamente para esta reunión, ensayé mi planteamiento y decidí volar a Nueva York para tratar el asunto en persona.

Richard observó mi preparación y me preguntó cuáles eran mis planes. Cuando le comenté que quería reunirme con nuestra socia cara a cara, tan solo respondió: "Ven a mi oficina y busquemos una solución eficiente para que todos podamos superar este asunto". Sin dudarlo, entré a su oficina detrás de él y, en menos de diez minutos, el problema había sido resuelto con profesionalismo.

Richard llamó a la socia, pidió unos minutos de su tiempo y, con claridad y confianza, le explicó nuestra situación. Me permitió presentar los detalles, explicar lo que había sucedido y concluyó la llamada de manera profesional, expresando nuestro interés en llevar a cabo una próxima reunión.

La serenidad y la habilidad de Richard me inspiraron. Manejó la situación con cortesía, franqueza y racionalidad, permitiendo que la socia expresara sus puntos de vista y concluyendo todo sin mayor conflicto ni resentimiento. Las lecciones que pude extraer de este encuentro fueron profundas:

- **El respeto se gana.** Mantener el respeto es fundamental para fomentar un diálogo abierto. No se pueden transmitir mensajes importantes sin él.
- **La honestidad es valiosa.** La alta dirección requiere una comunicación directa, honesta, efectiva y eficiente.
- **El carácter es clave.** Transmitir mensajes difíciles solo es posible a través de la coherencia.

Fue la firmeza de Richard lo que marcó la diferencia en esa llamada. La socia respetaba a Richard no solo por su cargo, sino por su franqueza, integridad y visión a largo plazo para la colaboración.

A través de este encuentro, aprendí que una conversación breve y contundente puede generar resultados significativos. Durante el desarrollo de mi carrera, me comprometí a encarnar las cualidades estoicas de brevedad, franqueza e integridad distintivas de un carácter firme.

Por qué el carácter importa en los negocios

Uno de los periodos más críticos de mi carrera sucedió poco después de mi llegada al Reino Unido desde Estados Unidos en 2006. Pensaba que estaba ascendiendo en la pirámide ejecutiva, al venir a Londres para asumir el cargo de CEO en una empresa importante como parte de un plan de sucesión bien estructurado. La empresa atravesaba una fase estresante, pero tenía un buen potencial gracias a los nuevos y dinámicos accionistas.

No obstante, la sucesión no transcurrió como se había planeado: los conflictos internos entre líderes y gerentes provocaron que no pudiera asumir de inmediato el control de la empresa como se había previsto. Fue un periodo de enorme presión para todos los involucrados, pues inevitablemente surgieron problemas en todas las áreas de la empresa cuando se suponía que debía llevarse a cabo la transición. Se crearon facciones, hubo conflictos y surgieron comportamientos inesperados.

La situación podía resolverse de una de dos maneras: o me despedían y regresaba a Estados Unidos, o asumía la dirección de la empresa como estaba planeado. Había dos factores a mi favor. Primero, estaba decidido a hacer lo correcto sin importar lo que hicieran las personas a mi alrededor. Segundo, contaba con el apoyo incondicional de mi mejor amigo, Joe Eastin, y de todos mis principales mentores del pasado, quienes me apoyaron durante esa etapa. No hay sustituto para un buen carácter, pero ¿cómo se forja? A través de la experiencia ganada con esfuerzo y gracias a una mentoría excepcional. Eres el reflejo de las personas con las que te rodeas a lo largo de tu carrera.

Durante un lapso de tres meses en 2007, mientras se desarrollaban todo tipo de problemas en la empresa, mi red de apoyo más cercana logró que mantuviera mi enfoque en mi propio carácter, en ser estoico. Por ejemplo, me ayudó a imaginar un escenario en el que lo perdía todo. Como estoico, una vez que imaginas el peor resultado de la situación que enfrentas, es mucho más fácil volver al campo de batalla; "la muerte ha sido imaginada" y, por lo tanto, procesada y aceptada.

Esta faceta de incertidumbre en la empresa llegó a un punto crítico un domingo, cuando me reuní con el principal accionista y le ofrecí mi renuncia en aras de solucionar los problemas. Yo desconocía que, un día antes, él había discutido con socios accionistas de la empresa, quienes lo presionaron para resolver el problema.

¿Qué iba a hacer? Supuse que la respuesta sería simple. Me despedirían, saldría del Reino Unido y la empresa continuaría sin mí.

Para mi sorpresa, ocurrió exactamente lo contrario. El accionista actuó de una forma que me sorprendió por completo, pues me dijo con firmeza: "¡Tú no vas a ninguna parte!". Dejó muy claro a los socios que tenían la responsabilidad de actuar según los mejores intereses de sus representados y accionistas, y les informó que Justin Stead asumiría formalmente el cargo de CEO en breve, para llevar la empresa adelante en beneficio de *todos*, algo que con el tiempo se demostraría. Esta fue una decisión asombrosa en una situación muy complicada y difícil, al más alto nivel, con cientos de millones de libras en juego y miles de empleados potencialmente afectados.

Cuando me reuní después de un tiempo con el mismo accionista, le pregunté por qué había decidido apoyarme. Él dijo que, si bien la mayoría del consejo me respaldaba, fue principalmente mi *carácter* lo que inclinó la balanza a mi favor, tanto por la manera en que me había conducido durante el proceso, como por la forma en que veían que podía llevar la empresa hacia adelante.

La prueba de la bolsa de papel

En cualquier campo, una persona puede entrenar con frecuencia su conjunto de habilidades para aumentar la posibilidad de tener éxito en una competencia. El mismo principio se aplica en la vida cuando se practica el estoicismo, y la clave es estar preparado para aplicar las habilidades estoicas cuando uno se encuentra más vulnerable o tentado a tomar salidas fáciles. Cuanto más alto se llega en la vida, incluso en los negocios, mayores son las apuestas y los riesgos. Cuando uno menos lo espera, la vida pone grandes pruebas a nuestro carácter. La mía ocurrió al inicio de mi carrera como CEO, una mañana decisiva en Londres.

Un socio clave de la empresa, cuyo éxito era fundamental para nuestro futuro, solicitó una reunión inusual. En lugar reunirse conmigo en nuestra cafetería habitual, vino a mi oficina de Oxford Street, en Londres. Al inicio sostuvimos una conversación sobre temas triviales, pero el ambiente cambió drásticamente cuando colocó una bolsa de papel marrón sobre la mesa. La curiosidad se convirtió en sorpresa al enterarme de que la bolsa no contenía café, sino una suma considerable de dinero en efectivo: fajos de billetes de cincuenta libras que podían sumar entre cincuenta mil y cien mil libras. El mensaje era inconfundible: se trataba de un soborno, una póliza de "seguro" destinada a garantizar que nuestra colaboración continuara prosperando.

En ese momento, el silencio cayó sobre nosotros. Fue un instante incómodo, cargado con el peso de tener que tomar una decisión de acuerdo con la moral. Tras recuperar la compostura, empujé con suavidad la bolsa de regreso, afirmando que no necesitaba semejante muestra de agradecimiento. Con cortesía pero con firmeza, insistí en que olvidáramos la conversación. Para mi sorpresa, el socio aceptó mi rechazo con calma y continuó la charla como si nada hubiera sucedido. Esa decisión, arraigada en la integridad, la templanza y la justicia, sentó las bases de una colaboración exitosa que duraría años y terminaría en una liquidación de la inversión muy favorable para ambos.

El registro cósmico del carácter

Como estoicos, nosotros creemos que venimos a este mundo sin nada y que, al final, partimos sin nada. Todo lo que en apariencia poseemos es tan solo un préstamo: dinero, pertenencias, relaciones. Por lo tanto, el único tesoro duradero que vale la pena conservar y acumular es la grandeza de carácter. Nuestra verdadera riqueza reside en el registro cósmico de nuestras acciones, moldeadas por nuestras intenciones y derivadas de nuestro carácter.

Entonces, ¿me tentó el dinero de aquella bolsa marrón? Sí, por supuesto. En ese entonces tenía poco efectivo; mis ahorros y otros bienes estaban entrelazados con deudas personales y empresariales considerables. Sin embargo, reconocí que ceder a esa tentación iría en contra de la esencia misma de mis responsabilidades hacia mi equipo y mis socios y, lo más importante, habría dañado mi carácter.

La toma de decisiones mediante buenos hábitos y mentoría

La decisión de rechazar el soborno coincidía con mi compromiso con la integridad y la justicia, pero fue reforzada por mi presidente, Don McCarthy. Don fue un empresario extraordinario y un mentor excepcional, cuya orientación y perspectiva resultaron invaluables a lo largo de mi carrera en Londres.

Desde el inicio, cuando asumí el cargo de CEO en 2007, Don me advirtió que enfrentaría, en algún momento, encrucijadas morales como esa y me preparó para una prueba que muchos no anticiparían. Don personificaba lo que debe ser un gran mentor: un individuo cuyo carácter iluminaba el camino para que sus aprendices pudieran sortear los mayores desafíos empresariales y los dilemas éticos más importantes. Era muy inteligente, discreto y elegante, con una actitud sencilla y una habilidad innata para relacionarse con personas de todos los niveles de una empresa. Siempre te reías con Don. Era todo un profesional y se tomaba las cosas en serio, pero nunca a sí mismo.

Por desgracia, una década después de habernos conocido, en 2018, Don falleció. Me siento profundamente agradecido por la amistad que forjamos y por las lecciones que me dejó. En retrospectiva, a veces me pregunto si él orquestó el episodio de la bolsa marrón para poner a prueba mi determinación. ¿Buscó, quizá en colaboración con el socio, poner a prueba el carácter de este nuevo CEO? ¿Podía confiar en que este joven CEO siempre haría lo correcto para proteger a la empresa, a los empleados, a los socios y su inversión directa? Si bien es poco probable que Don haya estado detrás de aquel episodio de la bolsa marrón, la reflexión subraya el papel fundamental de la mentoría en la formación del carácter.

Coherencia de carácter

Al reflexionar sobre mi trayectoria, es evidente que todos mis queridos mentores compartían un rasgo fundamental: su carácter era coherente, tanto en los negocios como en su vida personal. Rechazaban la frase "solo son negocios, no es personal" para justificar un comportamiento insensible cuando surgían dificultades. Su carácter era el mismo en la oficina que en su vida cotidiana fuera de ella.

Yo mismo rechazo de manera tajante la idea de que "solo son negocios". Como estoico que busca el crecimiento personal y la perfección del carácter, es imposible actuar en contra de estos principios dentro de un contexto empresarial.

Al mostrar que, de forma activa, persigue la sabiduría, la justicia, la templanza y la valentía, el CEO puede inspirar a la organización no solo a obtener resultados financieros, sino también a superarse personalmente a lo largo de su trayectoria profesional. Cuando pienso en las vidas de Marco Aurelio y Séneca, este punto se vuelve complejo. Sus acciones en público a menudo contradecían sus creencias estoicas privadas. Las campañas militares de Marco contra ciertas tribus germánicas a lo largo del Danubio han sido descritas en distintas ocasiones como casi genocidas. Dicho esto, tanto Marco como Séneca fueron producto de su tiempo y de las exigencias de sus cargos dentro de un sistema y una sociedad brutales. Creo que ambos fueron claros ejemplos del comportamiento y el carácter estoicos a través de sus estilos de liderazgo y la manera como llevaron a cabo acciones ejecutivas dentro de los límites legales, lo que revela un equilibrio excepcional.

El liderazgo de un CEO es un camino complejo

La trayectoria de un CEO es un complejo entramado tejido a partir de todas las decisiones tomadas a lo largo de una carrera, bordado con experiencias de éxito y fracaso que forjan el carácter. Al explorar los principios de la filosofía estoica, la importancia del carácter se vuelve cada vez más evidente. Un CEO estoico reconoce que el camino hacia el éxito duradero no se construye solo a través de buenas decisiones estratégicas, tácticas y financieras, sino también mediante una integridad inquebrantable, una comunicación abierta y el compromiso de encarnar las virtudes de sabiduría, justicia, templanza y valentía en todas sus decisiones de negocios.

Como líder empresarial, el carácter no es solo un ideal abstracto: es una necesidad práctica. Al adoptar el enfoque estoico de formación del carácter y tomar decisiones coherentes tomando en cuenta las cuatro virtudes, los CEO pueden afrontar las complejidades de sus cargos, infundiendo confianza y resiliencia en sus organizaciones mientras dirigen con claridad y un propósito definido. El valor verdadero de un líder no reside solo en sus logros, sino en la fortaleza de su carácter, que lo guía tanto en el triunfo como en la adversidad.

Resumen y reflexión

- La integridad no es una pose; es una estrategia que sustenta cada decisión trascendental que un CEO tomará en su vida.

- Desde discusiones sobre la moral en salas de juntas hasta, literalmente, bolsas de dinero, mis experiencias ilustran que el liderazgo sin carácter es una ilusión. Y el carácter no se construye en momentos de comodidad, sino que se forja en pruebas de contención, humildad y justicia. Los mentores que moldearon mi trayectoria, como Don McCarthy y Richard Gundy, no solo me enseñaron a hacer negocios: también aprendí a desarrollar carácter.

- El CEO estoico no se escuda tras la frase "solo son negocios, no es personal". Encarna las virtudes cardinales de sabiduría, justicia, valentía y templanza en cada decisión silenciosa que nunca aparece en los titulares, pero define su legado.

Capítulo 7

ANIMALES SOCIALES

JOHN SELLARS

Lo que no beneficia a la colmena
no beneficia a la abeja.

Marco Aurelio, *Meditaciones* 6.54

No hay héroes aislados

Existe una imagen popular del estoico heroico que mantiene el labio superior rígido, es frío e indiferente a los acontecimientos externos y evita apegarse a otras personas para permanecer libre e invulnerable a las vicisitudes del destino. Al recordar que Marco Aurelio escribió que uno debe ser "como el promontorio", indemne ante las olas, es fácil entender cómo pudo desarrollarse esa imagen.[1] Es verdad que los estoicos hablaron extensamente sobre cómo afrontar situaciones difíciles —tema que abordaremos con más detalle en los próximos capítulos, en particular en el 9—, pero la imagen del estoico como una figura heroica aislada que actúa por su cuenta no podría estar más lejos de la verdad. Entonces, ¿cómo concebían los estoicos nuestras relaciones con las demás personas?

Animales sociales

Somos animales. Como todos los demás animales, nuestra motivación final es nuestro instinto de autoconservación. Los estoicos construyeron su pensamiento sobre el ser humano a partir de esta idea. Esto podría sugerir que existe un elemento de egoísmo en la esencia estoica. Sin embargo, los estoicos señalan dos cosas. La primera es que nuestra autoconservación depende inevitablemente de una amplia gama de personas:

¿qué recién nacido sobreviviría mucho tiempo sin la ayuda constante de sus padres? La segunda es que, cuando nos convertimos en padres, nos preocuparemos por la supervivencia de nuestros hijos tanto como por nuestra propia seguridad. La dependencia de los hijos hacia los padres y el amor que los padres sienten por sus hijos son aspectos fundamentales de la vida humana.

Según una de nuestras fuentes más importantes sobre la ética estoica, escrita por el estadista y filósofo romano Cicerón, el amor de los padres por sus hijos es la base de nuestro sentido de comunidad.[2] Este instinto primario y natural pone de relieve nuestra naturaleza inherentemente social e ilustra el hecho de que, cuando nacemos, dependemos por completo de otros. Cicerón añade que, tomando como modelo este cuidado básico hacia los hijos, debemos desarrollar una actitud hacia las demás personas en la que las consideremos, en cierto sentido, familiares. La raza humana es, al final, una gran familia.

Círculos concéntricos

Para conocer a detalle la explicación de los estoicos sobre esta idea, debemos remitirnos a otro pensador que escribió durante el periodo romano: Hiérocles. Él también hizo énfasis en la idea de que, en esencia, todos tenemos un instinto de autoconservación que se extiende a los miembros de nuestra familia inmediata a quienes solemos proteger tanto como a nosotros mismos. No obstante, dado que nuestra supervivencia también depende del bienestar de quienes forman parte de nuestra comunidad más cercana —las personas que cultivan los alimentos que comemos, las que proveen el agua limpia y así, sucesivamente—, también debemos preocuparnos por su supervivencia.

Hiérocles sugiere que debemos acercarlos más a nosotros, tratándolos *como si* fueran de nuestra familia.[3] Más allá de estos vecinos cercanos hay otros, más lejanos, que podrían parecernos menos importantes, pero de nuevo Hiérocles propone que intentemos acercar a estas personas. Si estos distintos grupos de personas forman una serie de círculos concéntricos —familia cercana, familia extendida, vecinos, conciudadanos—, entonces, dice él, debemos contraer esos círculos, acercando a todos hacia el centro. En la serie de círculos que Hiérocles describe, el más grande y externo abarca a toda la humanidad. El objetivo es ampliar nuestro sentido de parentesco con todos los demás en el mundo, entendiendo que todos somos miembros de una misma comunidad global.

Cosmopolitismo

Esta idea de una sola comunidad global se remonta a los inicios del estoicismo. Décadas antes de que Zenón, el fundador de esta escuela, llegara a Atenas, Alejandro Magno había conquistado gran parte del mundo del Mediterráneo oriental y del Medio Oriente, difundiendo la cultura griega por todas partes. Tras su muerte, sus sucesores dividieron este vasto territorio en tres grandes reinos. Las ciudades griegas tradicionales ya no tenían la misma autonomía política de antes y la gente empezó a verse a sí misma como ciudadana de un mundo mucho más amplio e interconectado. En ese entonces, un filósofo llamado Diógenes proclamó no ser ciudadano de ninguna ciudad en particular, sino del cosmos, un cosmopolita.

En este clima político radicalmente nuevo, Zenón llegó a Atenas por primera vez. Muchos otros estoicos destacados también llegaron a Atenas desde ciudades ubicadas en el vasto territorio conquistado por Alejandro. Estos inmigrantes y conversos a la cultura griega adoptaron la idea de Diógenes y rechazaron pertenecer a una ciudad en particular, ya fuera Atenas o donde habían nacido. Se asumían como ciudadanos del cosmos y miembros de una sola comunidad global. Lejos de aislarse de los demás, los estoicos enfatizaban su conexión con todos los seres humanos.

Marco Aurelio, ciudadano del mundo

Como emperador de Roma, Marco Aurelio estaba inequívocamente al mando; era el líder del mundo occidental. Sin embargo, en las pocas ocasiones en las que habló de manera explícita sobre su cargo, parecía restarle importancia. Alguna vez observó que, al igual que Marco Aurelio, era romano, pero como ser humano, era un ciudadano del cosmos.[4] Sí, Marco era romano, y el más poderoso de todos, pero más importante que eso era su lugar dentro de la comunidad humana. Es muy claro en cuanto al orden de prioridades: *primero*, es un ser humano; en segundo lugar, un romano y un emperador. Si alguna vez los dos llegaban a entrar en conflicto, Marco sabía cuál era su máxima prioridad. Nunca debía anteponerse el cargo a ser una persona buena y decente.

A muchos lectores suele sorprenderles lo poco que Marco Aurelio decía explícitamente sobre su papel como emperador. Sin embargo, eso no ha impedido que personas en posiciones de liderazgo y poder obtengan valiosas lecciones de su obra; como señalamos antes, el expresidente estadounidense Bill Clinton dijo en una ocasión que las *Meditaciones* lo habían influido más que cualquier otro libro.[5] Las lecciones que Marco nos ofrece no provienen de comentarios sobre su propia experiencia de liderazgo político, sino de sus reflexiones más amplias sobre nuestro lugar dentro de la comunidad general de todos los seres humanos. En múltiples pasajes, Marco compara la comunidad humana con un organismo vivo compuesto de varias partes. Cada persona es una parte de esa comunidad y tiene un papel que desempeñar. De hecho, en un juego de palabras, Marco va aún más allá: no es suficiente con ser una parte (*meros*); debemos vernos a nosotros mismos como miembros (*melos*) de esta unidad orgánica.[6] Tal como un pie no tiene propósito ni función cuando se separa del cuerpo, un ser humano aislado de los demás no puede ser ya un humano en el sentido amplio. Una y otra vez, Marco se recuerda que no es un líder único ni excepcional, sino simplemente una parte —un miembro— de la comunidad.

En estas reflexiones, Marco piensa en la humanidad en su conjunto, pero la misma idea se aplica en múltiples niveles distintos. Sin importar el tamaño ni el tipo de comunidad, organización o equipo, cada miembro —incluido el líder— es solo un componente dentro de un todo mayor. Y profundizando sobre este pensamiento, Marco insiste en que el bienestar de esa entidad más amplia es lo más importante y debe ser el foco de atención de todos sus miembros. Si estamos plenamente integrados como "miembros", entonces nuestro éxito y bienestar dependerán del bienestar del "organismo" completo. El pie separado del cuerpo no puede sobrevivir por sí solo; su existencia misma como pie depende de formar parte del cuerpo humano. De la misma manera, un líder solo puede ser líder si forma parte de un equipo u organización. El éxito del líder y el del grupo están íntimamente ligados.

Capítulo 8

EL EQUIPO ESTOICO EN LOS NEGOCIOS

JUSTIN STEAD

Rodéate de personas que te impulsen a mejorar.

Séneca, *Cartas* 7.8

A menudo me causa risa la manera en que los titanes de los negocios se presentan a sí mismos ante el público. Hay ciertas figuras que solo están asociadas con la empresa que fundaron, sin tener una relación cercana con ella. Rara vez se escucha a esa figura omnipresente decir algo más que unos cuantos comentarios trillados sobre su "increíble equipo", sus trabajadores tan importantes o las personas que realmente hacen posible el éxito de la compañía. Hay miles de empleados en esas empresas haciendo un trabajo extraordinario y, por supuesto, el equipo de alta dirección debe de ser un grupo de líderes empresariales muy competente. ¡Pero es como si nadie más trabajara ahí! Hay poco reconocimiento, pero muchas las críticas dentro de culturas que suelen ser muy exigentes. No debemos perder de vista que los resultados son impresionantes y que eso es bueno para las empresas, pero es difícil decir qué tan bueno es esto para los seres humanos que trabajan en ellas y para la sociedad en general.

Todo líder necesita tener un gran equipo a su alrededor. Augusto, considerado como el más grande de todos los emperadores, tuvo a Marco Agripa —su "director de operaciones"— para llevar a cabo su visión. Fue Agripa quien ganó la batalla decisiva de Accio, consolidando el poder de Augusto sobre Marco Antonio y Cleopatra, y al final sobre todo el Imperio romano. Agripa también encabezó enormes proyectos de obras públicas en Roma, transformándola de una ciudad de ladrillo en una de mármol: el sueño de Augusto. Y, aunque Augusto no fue un estoico, valoraba profundamente esta filosofía. Esto se demuestra en la confianza que tenía en dos asesores estoicos clave: Atenodoro Cananita y Ario Dídimo, quienes lo ayudaron a cultivar la paciencia y a formar su carácter para gobernar Roma con sabiduría.

El modelo de liderazgo estoico basado en el trabajo en equipo es bastante diferente del que vemos hoy en los líderes célebres, tanto en el ámbito empresarial como en el político. En esencia, el mensaje de los estoicos es: "menos yo y más nosotros", utilizando las virtudes cardinales para reunir a personas afines que puedan trabajar con armonía y lograr grandes cosas. Los pilares de un equipo estoico son:

---

1. Mantenerse con el ego bajo, entendiendo que no se trata del individuo, sino del propósito común.

2. Tener claridad táctica en la toma de decisiones, guiada por la estrategia de la empresa y las cuatro virtudes cardinales.

3. Tomar en cuenta todas las voces, incluso las disidentes, siempre y cuando el equipo esté de acuerdo con la estrategia general y comparta los valores personales fundamentales.

4. Fomentar la colaboración y la escucha, esenciales para formar lazos dentro del equipo.

5. Entender la armonía como una victoria sin preocuparse por las cosas pequeñas y, a veces, ni siquiera por las grandes, si eso significa preservar la unidad.

Marco Aurelio como líder de equipo

Marco Aurelio sabía muy bien cómo trabajar en equipo. Gracias a las *Meditaciones*, sus informes legales y sus cartas a Frontón —su gran mentor—, sabemos que era una persona serena, cortés, atenta, meticulosa, proactiva y considerada, pero también llena de energía y acción.

En particular, sabía que, como estoico, era el custodio del poder, no su instrumento, y que su directriz debía ser la moderación, no la dominación. Por este enfoque fue admirado y respetado por su equipo, por el Senado y por el pueblo de Roma.

Todas estas cualidades infundieron un gran sentido de lealtad en su equipo, que debía ejecutar su estrategia en una época en la que la confianza era esencial, ya que la comunicación a través del Imperio podía tardar semanas o meses.

Marco fomentaba un sistema basado en la confianza, pero también era sumamente pragmático y participativo cuando era necesario, como un CEO durante una crisis. Los siguientes ejemplos ilustran el estilo de liderazgo de Marco:

- **Compartir el poder desde el día uno.** El primer día de su reinado, Marco amplió de inmediato el equipo ejecutivo al nombrar coemperador a su hermano, Vero. Llegó incluso a decirle al Senado que, si Vero no ocupaba el cargo, él no aceptaría continuar como emperador. Esta fue una decisión audaz, en la que su "consejo asesor" del Senado lo respaldó.

- **Pragmatismo estratégico.** Una vez que Vero fue designado, Marco hizo uno de los donativos más grandes de la historia a la Guardia Pretoriana. ¿Fue un soborno? ¿Estaba comprando lealtad? Tal vez. Pero fue una decisión pragmática para consolidar el poder, estabilizar el Imperio y asegurar una transición fluida hacia un nuevo "equipo ejecutivo superior".
- **Estar presente donde se necesite.** Marco apoyaba a su equipo al estar presente donde más se le necesitaba. Permaneció en Roma mientras Vero viajaba al este para enfrentarse a los partos. Más tarde, a pesar de no tener experiencia militar previa, Marco se situó en la primera línea junto a sus tropas a lo largo del Danubio, asegurándose de que contaran con su apoyo total para combatir a las tribus germánicas. En poco tiempo, se convirtió en un general militar muy eficaz.
- **Mantener la lealtad en tiempos de crisis.** Cuando Avidio Casio se proclamó emperador en Siria, creyendo equivocadamente que Marco había muerto, este marchó hacia el este con la esperanza de perdonar a su amigo y evitar una guerra civil. Que la mayoría de los generales permanecieran leales a Marco fue un reflejo notable de la claridad de su visión, el sentido de pertenencia de su equipo de liderazgo y los fuertes lazos que había cultivado.

- **Fomentar el debate y la escucha.** Marco promovía el debate y la discusión dentro de su equipo. Era conocido por ser un escucha paciente, como es evidente en los informes legales que aún podemos leer hoy. Todos quieren saber que el CEO está escuchando, pues eso genera lazos poderosos. Su discernimiento y su valentía para escuchar a su equipo y hacer lo que era mejor para el Imperio, incluso cuando entraba en conflicto con los ideales estoicos, demostraron cualidades de liderazgo sobresalientes.

En mi carrera como CEO, a menudo reflexioné detenidamente sobre estas cualidades de Marco. Al formar, desarrollar y trabajar con equipos en todo el mundo a lo largo de mi trayectoria, estos conceptos de liderazgo estoico me guiaron y llevaron a lograr resultados extraordinarios en Fossil Watch Group y Watches of Switzerland. Profundizaremos sobre ello en el capítulo 14.

Las lecciones de Marco para un CEO sobre la formación de equipos

1. Compartir el poder y el protagonismo ejecutivo

Marco compartió el poder ejecutivo y el protagonismo con Vero. Cuando me convertí en CEO, me aseguré de que, en cualquier evento de la empresa o con socios, el equipo hablara tanto como yo. Todos los miembros del área directiva necesitaban —y, en su mayoría, querían— hablar. Esto nos hacía ver y actuar como un equipo bien coordinado, alineado con los objetivos de la empresa, no solo con los deseos del CEO. Asimismo, fomentaba las cualidades de liderazgo de mis colaboradores, fortaleciendo su confianza al compartir el escenario y presentar juntos el mensaje.

2. Tomar decisiones pragmáticas para fortalecer al equipo

Marco tuvo que "comprar" a la Guardia Pretoriana para asegurar su permanencia. Algunos podrían considerar esto como un acto poco estoico, pero yo lo considero pragmático y sensato. Yo también he tenido que "invertir" en experiencia o pagar por encima de las tarifas del mercado para retener talento importante. En un caso, aprobé que un ejecutivo ganara más que yo, que era el CEO, porque creía que era muy valioso para la misión de la empresa y los accionistas. Resultó ser lo correcto.

3. Saber cuándo y dónde te necesita más el equipo

Marco viajaba por todo el Imperio, supervisando personalmente operaciones cruciales y atendiendo los asuntos cotidianos en Roma. Como CEO, no necesito estar en todos los lugares en todo momento, sino donde más me necesitan para poder cumplir con lo que mi equipo espera. Con una estrategia clara y buenos empleados, el trabajo cotidiano en cada área se gestiona casi solo. Siempre que tengo una reunión personal con un colaborador, organizo mis reuniones en tres categorías:

- ¿Qué quieres contarme con plena confianza, sabiendo que tienes todo bajo control? (sabiduría)

- ¿Qué te gustaría discutir, sabiendo que ya tienes una solución, pero quieres conocer mi opinión? (justicia y templanza)
- ¿Qué te preocupa o en qué te sientes inseguro y necesitas mi ayuda o decisión? (valentía)

Este enfoque estoico genera claridad y confianza, además de permitirme apoyar a cada miembro del equipo de la manera que mejor le funcione.

4. Fomentar la lealtad y aceptar las pérdidas

Marco nos recuerda en *Meditaciones* 2.1 que, irremediablemente, debemos trabajar con personas con diversas convicciones y motivaciones.

> *Empieza la mañana diciéndote: "Me encontraré con el entrometido, el desagradecido, el arrogante, el engañoso, el envidioso, el antisocial... pero ninguno de ellos puede perjudicarme, ni puedo enojarme con mis semejantes ni odiarlos. Dado que estamos hechos para cooperar, actuar unos contra otros es contrario a la naturaleza; y actuar unos contra otros es irritarse y apartarse.*
>
> Marco Aurelio, *Meditaciones* 2.1

Un gran equipo no es una sala llena de clones: es todo lo contrario. Considero que "la cultura se lleva de calle a la estrategia". La cultura empieza arriba, con valores claros establecidos por el CEO y reforzados por el equipo directivo. Nunca quise colaborar solo con personas iguales a mí. Me enfoqué en incorporar expertos técnicos que complementaran mis debilidades y prioricé los valores a la hora de contratar. A veces elegí candidatos con menos habilidades técnicas simplemente porque eran mejores seres humanos; eran personas que ayudarían a construir una cultura basada en los valores.

5. Comunicación: la cortesía estoica genera armonía en el equipo

"No es lo que dices, sino cómo lo dices". Los desacuerdos y los conflictos son inevitables, pero la manera como se resuelven define la salud del equipo. Los temas difíciles requieren una comunicación directa, honesta y respetuosa. "Acordar en no estar de acuerdo" siempre debe ser una opción, sin que ello implique una ruptura total.

6. El debate es crucial

Cuando asumí rol de CEO en mi primera gran empresa, mi director financiero, Steve Sargent, me sacaba de quicio. Steve era un licenciado en física formado en Essex muy inteligente; sin embargo, a mi modo de ver, parecía quitarle energía a la sala, cada vez que yo proponía nuevas iniciativas en un negocio que necesitaba una renovación cultural profunda. Lo que yo interpretaba como negatividad me llevó, al inicio, a creer que era un obstáculo. Sin embargo, con el tiempo comprendí que no intentaba sabotear el progreso. Quería poner un freno de mano muy necesario. Steve encarnaba la idea estoica de *praemeditatio futurorum malorum*: anticipar lo que podría salir mal y prepararse para ello.

Tuvimos muchas conversaciones difíciles, pero Steve fue paciente conmigo y aprendí a valorar su perspectiva. Con el tiempo, nos convertimos en grandes socios. Al final, casi no tomaba ninguna decisión sin su tomar en cuenta su mirada prudente. Un excelente director financiero con una mentalidad precavida es un activo inmenso para un CEO impetuoso y un equilibrio importante dentro del equipo comercial.

La verdadera fortaleza de un equipo guiado por el estoicismo

Construir un gran equipo dirigido bajo principios estoicos requiere reflexión, humildad, valentía y paciencia. Hay que compartir el protagonismo, incluir todas las voces (incluso cuando su sinceridad duela) y apoyarse mutuamente cuando las cosas se ponen difíciles, todo a través de un compromiso común con la estrategia y los valores. La preparación inicial, el compromiso con la estrategia y los valores compartidos mantienen unido al equipo y al negocio cuando las cosas se tornan difíciles. Cuando una crisis azota o cuando todo parece marchar bien, la fuerza silenciosa del equipo que te respalda es la que realmente define el éxito. Como sabía Marco Aurelio, ningún líder —por talentoso o visionario que sea— triunfa solo.

Resumen y reflexión

- El líder estoico no es un visionario solitario, sino el corazón de un equipo armonioso guiado por valores. Marco Aurelio ejemplifica que la expresión más alta del liderazgo no es la dominación, sino la colaboración.

- Al compartir el protagonismo y fomentar una comunicación abierta, el CEO estoico puede construir una cultura en la que cada voz importe y cada decisión se fundamente en las virtudes de sabiduría, justicia, valentía y templanza.

- Las grandes empresas se construyen por equipos disciplinados y cohesionados que avanzan con unidad, incluso en medio de periodos complejos o destructivos. El líder estoico sabe cuándo actuar, cuándo escuchar y cuándo alejarse para permitir que otros se acerquen.

- La sala de juntas no es un campo de batalla sino un foro; su mayor fortaleza reside en su carácter colectivo.

Capítulo 9

ENFRENTANDO RETOS

JOHN SELLARS

Sin importar lo que ocurra, tengo el poder de obtener un beneficio de ello.

Epicteto, *Manual* 18

*

¡El desastre es la oportunidad de la virtud!

Séneca, *Sobre la providencia* 4.6

Naufragios

La filosofía estoica comenzó con un naufragio. Como vimos antes, Zenón, el primer filósofo estoico, viajaba a Atenas con un cargamento del negocio de su padre cuando su barco se hundió. Por fortuna, Zenón sobrevivió y logró llegar a la costa. Y si bien había perdido toda su mercancía, aún conservaba consigo las cosas más importantes: su conocimiento y su carácter. Con ellos podía reconstruir fácilmente su vida. Esto nos recuerda una célebre frase del filósofo griego Aristipo: "Los padres deberían proveer a sus hijos de riqueza y herramientas tales para la vida que, incluso tras un naufragio, puedan nadar hasta la orilla gracias a ellos".[1] Aristipo no era estoico, pero coincidía con esta corriente sobre este punto. Dada esta dramática experiencia, quizá no sea tan sorprendente que Zenón terminara desarrollando una filosofía que enfatizaba la importancia del carácter por sobre las posesiones materiales.

Zenón no fue el único estoico que enfrentó situaciones difíciles. De hecho, ni siquiera fue el único en sobrevivir a un naufragio: es probable que Séneca estuviera a bordo durante el viaje por el Mediterráneo en el que murió su tío.[2] Desde cierta perspectiva, Séneca fue un hombre privilegiado; recibió una excelente educación, se movía en los círculos sociales más altos, fue una de las personas más ricas de Roma en su época y tenía una gran influencia política en el más alto nivel. Sin embargo, también tuvo que enfrentarse a la muerte de su padre, a la amenaza de ejecución, a una enfermedad crónica, a la muerte de su hijo, a un largo exilio, a la muerte de un amigo cercano, a un trabajo imposible como tutor y luego consejero de Nerón (un cargo al que no podía renunciar con facilidad) y, finalmente, fue obligado a suicidarse. Si alguien sabía lo que era la adversidad, era Séneca.

Marco Aurelio también enfrentó numerosos desafíos. Durante su vida, una plaga asoló el Imperio romano; tuvo que lidiar con las adversidades de la guerra y, en un plano más personal, él y su esposa Faustina tuvieron un total de catorce hijos, de los cuales se sabe que solo cuatro llegaron a la edad adulta. Cuando Marco nos dice que, al perder un hijo, el pensamiento que debería primar es que lo está devolviendo al lugar de donde vino —la Naturaleza—, no está siendo insensible ni carente de emoción; más bien, se consuela a sí mismo mientras enfrenta una de las situaciones más dolorosas que cualquier persona puede vivir.

En respuesta a los desafíos que se le presentaron, Marco se animaba a mantenerse firme y a no dejarse sacudir por tales acontecimientos.

Sé como el promontorio contra el cual rompen las olas sin cesar, que permanece firme mientras las aguas espumosas se aquietan a su alrededor. No digas: "Esto me sucedió porque tengo mi mala suerte". Al contrario, di: "Gracias a mi buena suerte puedo soportar lo que me sucedió, sin alterarme, sin dejarme abatir por el presente ni temer al futuro".

> *Este tipo de acontecimiento podría haberle ocurrido a cualquiera, pero no todos lo habrían soportado sin alterarse.*
>
> Marco Aurelio, *Meditaciones* 4.49

Este es un ejemplo de resiliencia: no dejarse perturbar por los acontecimientos externos. Pero no es la única respuesta estoica ante la adversidad.

Aprendiendo de la adversidad

A lo largo de su vida, Séneca enfrentó desafíos que, por suerte, pocos de nosotros tendremos que experimentar. ¿Cómo respondió ante ellos? Su primera reacción fue insistir en que ninguna de esas cosas lo dañaba en realidad. Podían socavar su reputación, obstaculizar su carrera o arrebatarle sus posesiones, pero ninguna de ellas podía afectar lo más importante: su carácter.[3] Como Marco, Séneca se animaba a sí mismo a no dejarse afectar por acontecimientos externos. Sin embargo, no quería dejarlo ahí. Séneca buscaba una manera de convertir lo que parecía un aspecto claramente negativo en algo positivo.

Séneca hacía esto sugiriendo que debemos ver los acontecimientos difíciles no solo como un inconveniente que debemos soportar, sino como un entrenamiento que nos mejora y fortalece. La única manera de desarrollar habilidades en cualquier ámbito de la vida es probarlas. Séneca cita el ejemplo de un luchador que solo puede desarrollar sus habilidades si entrena de manera constante, lo que inevitablemente será duro y a menudo implicará derrotas. Pero es solo a través de este proceso que el luchador podrá desarrollar las destrezas necesarias para empezar a ganar. No hay salidas fáciles.

El luchador en entrenamiento aceptará con gusto el trabajo arduo y las derrotas frecuentes a las que se enfrente, sabiendo que esa es la única manera de mejorar. Una vez que haya desarrollado esas habilidades, seguirá recibiendo con agrado a los oponentes difíciles para demostrar su capacidad y mantenerse en la cima de su desempeño. De hecho, si solo se enfrentara a otros luchadores muy por debajo de su nivel, pronto se aburriría y se volvería condescendiente. Por esta razón, un buen luchador busca a los mejores oponentes que pueda encontrar.

> *Aquellas cosas calificadas como dificultades,*
> *como adversidades y maldiciones, son,*
> *ante todo, para el bien de las personas*
> *a quienes les ocurren.*
>
> Séneca, *Sobre la providencia* 3.1

De este modo, Séneca sostiene que no solo podemos *beneficiarnos* de los desafíos difíciles, sino que, de hecho, los *necesitamos* si queremos aprender. Al comprender esto, sugiere que los *recibamos* con agrado, sabiendo que son experiencias esenciales para formar el carácter.

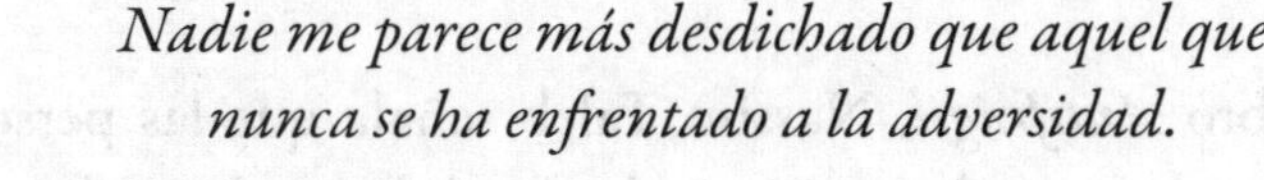

Nadie me parece más desdichado que aquel que nunca se ha enfrentado a la adversidad.

Demetrio, citado por Séneca[4]

Esto puede parecer una exageración. Hay cosas que nadie querría aceptar de buena gana, como la pérdida de un ser querido. Pero Séneca no se anda con rodeos: la única manera de aprender a sobrellevar la pena, comenta, es atravesándola.

Es evidente que Séneca considera que estas ideas pueden aplicarse a cualquier ámbito de la vida. En el contexto del liderazgo, es fácil imaginar lo que diría:

- La adversidad es inevitable, por lo que todo líder debe esperar enfrentarse a desafíos.
- Un buen líder querrá enfrentar desafíos porque esa es la única manera de desarrollarse y crecer como tal.
- La única forma de saber si uno es un buen líder es poner a prueba sus habilidades en situaciones difíciles.

La persona más desafortunada, dice Séneca, es aquella que nunca ha sido puesta a prueba. A ellos le dice: "Nadie sabrá de lo que eres capaz, ni siquiera tú mismo".[5]

Más allá de la resiliencia

En su libro *Antifrágil*, Nassim Taleb señala que las personas suelen suponer que lo opuesto a la fragilidad es la resiliencia.[6] La característica definitoria de algo frágil es que tiende a romperse, mientras que algo resiliente no se ve afectado y puede resistir la mayoría de los golpes y las sacudidas. Taleb sostiene que es un error considerar que estos conceptos son antónimos: el verdadero opuesto de algo que tiende a romperse bajo presión sería algo que se beneficia o se fortalece con el estrés. No existe una palabra para algo así, por lo que Taleb lo llama "antifrágil". A partir de esto, podemos decir que existen tres tipos de cosas: las frágiles (propensas a romperse en situaciones adversas); las resilientes (capaces de superar las circunstancias), y las antifrágiles (que aprovechan la adversidad a su favor).

La postura de Séneca es un claro ejemplo de lo que Taleb describe como antifragilidad. Taleb aplica esta idea a una amplia variedad de ámbitos —empresas, ciudades, países, organismos biológicos—, preguntándose si es posible que algo no solo resista la adversidad, sino que se beneficie de ella.

Por supuesto, la mayoría de nosotros preferiríamos evitar por completo ese tipo de situaciones difíciles, incluso si reconociéramos que, en cierto modo, podríamos beneficiarnos de ellas. Pero lo cierto es que la adversidad llegará, nos guste o no. La vida no siempre sucede como quisiéramos: algunas veces nuestros planes fracasan, enfermamos, acontecimientos mayores fuera de nuestro control alteran la vida cotidiana y las personas que amamos mueren. Estos no son desastres, sino los altibajos inevitables que configuran la vida de todos. En algún momento enfrentaremos la adversidad. Por ello, si logramos encontrar una manera de beneficiarnos de ella, o si al menos entendemos que puede extraerse algún provecho de las situaciones difíciles, es probable que podamos afrontarlas mejor. Tal vez nunca lleguemos al punto que describe Séneca, de acoger con disposición la adversidad —quizá exageraba con fines retóricos—, pero podemos amortiguar el golpe. También puede ayudarnos a reconocer, con el tiempo, que en realidad hemos aprendido algo valioso y crecido a raíz de los desafíos que hemos enfrentado.

Preparándose para los desafíos

La adversidad se presenta de muchas formas. Tal vez la peor y la más temida es la muerte. En *Meditaciones*, Marco Aurelio reflexiona con frecuencia sobre su propia e inminente muerte. A medida que envejecía, Marco lidiaba con problemas de salud y, dado que el conocimiento médico de la época era limitado, era difícil saber qué afecciones eran o no potencialmente mortales. Escribiendo en sus cincuenta años, aquejado por diversos males, tenía total consciencia de que, en algún momento, su vida llegaría a su fin. En estas reflexiones se recuerda a sí mismo lo siguiente:

- Como ser humano mortal, debe, como todos los demás, morir en algún momento. Eso es simplemente una consecuencia de estar vivo.

- La muerte es un acontecimiento natural, como el ciclo del día y la noche o el paso de las estaciones. No es algo malo en sí mismo.
- La naturaleza está en constante cambio; nada permanece igual para siempre.
- No puede cambiar el hecho de que algún día morirá, pero puede disfrutar de su vida y vivirla con plenitud aquí y ahora, en el momento presente.

La muerte y el duelo son casos extremos de adversidad, aunque son situaciones a las que todos debemos enfrentarnos en algún momento. No obstante, también enfrentamos innumerables ejemplos de adversidad que nos alteran, estresan, molestan y, a veces, nos hacen enfadarnos con otras personas.

Los estoicos tenían una técnica diseñada para ayudarnos a afrontar este tipo de situaciones. Se le conoce como la "preparación para los males futuros" (*praemeditatio futurorum malorum*). Piensa en algún acontecimiento que podrías enfrentar en los próximos días, tal vez uno con el que sueles lidiar a veces y que te altera cuando sale mal. Ahora imagina el peor escenario posible: el tren no pasa y no puedes llegar al trabajo; la conexión a internet se cae justo antes de una reunión importante en línea; el envío del que dependías no llega. ¿Cómo te sentirías? ¿Qué tan grave sería realmente? ¿Qué harías si esto ocurriera en verdad? Recuérdate algunas de las ideas estoicas que ya hemos mencionado, en particular aquella que dice que no nos perturban las cosas, sino los juicios que hacemos sobre ellas.

Los estoicos como Marco Aurelio solían hacer este ejercicio cada mañana, mentalizándose para las cosas que podrían salir mal durante el día. Practicar esto puede tener varios beneficios potenciales:

- Si las cosas salen mal y ya has ensayado mentalmente ese escenario, el golpe emocional no será tan fuerte. Sabías de antemano que ese era un resultado posible.
- Parte de tu preparación puede incluir planear lo que harías en una situación así. Cuando tengas ese plan B definido, podrás implementarlo con rapidez y calma.
- Si las cosas salen bien, te sentirás aún más agradecido y feliz, porque no habrás dado por sentado el éxito.

Capítulo 10

EL CAMINO PARA CONVERTIRSE EN UN LÍDER ESTOICO

JUSTIN STEAD

Es un camino áspero el que conduce a las cimas de la grandeza.

Séneca, *Sobre la providencia* 4.10

Pat Cash fue un tenista profesional famoso por sus hazañas en la cancha, que culminaron con su victoria en el Campeonato de Wimbledon de 1987. Pero para mí, como tenista aspirante en los niveles más bajos del circuito y de las ligas de clubes en Alemania a mediados de los años ochenta, fue mucho más que eso. Era un ícono australiano que representaba los mejores atributos de nuestro país: era fuerte, resistente, ambicioso, valiente, competitivo, leal en extremo, guiado por sus valores y sumamente generoso con sus amigos y su familia.

Pat tuvo que superar algunas lesiones brutales a lo largo de su carrera, además de muchos desafíos difíciles fuera de la cancha. Lo que tuvo que pasar para convertirse en un campeón del tenis y en un ser humano ejemplar es la definición misma de resiliencia y dedicación estoicas. Para mí, si uno buscara "estoicismo" en el *Oxford English Dictionary*, bastaría con colocar una imagen de Epicteto, quien cargó con las secuelas de su pierna rota, y de Pat Cash, sin agregar algo más.

Conozco a Pat muy bien. Es mi mejor amigo y, a lo largo de los últimos veinte años, he llegado a admirarlo aún más por la persona en la que se convirtió que por sus logros en el tenis. Es cofundador de la Aurelius Foundation, una organización benéfica creada con el propósito de difundir los principios estoicos; a través de ella, realizamos juntos muchas presentaciones y eventos sobre el estoicismo. Sus testimonios e historias de vida dejan al público completamente asombrado, junto con otro campeón de Wimbledon, Boris Becker, quien también se ha convertido al estoicismo gracias a la misma fundación. Entre ambos tienen un conjunto extraordinario de historias de vida que encarnan la resiliencia estoica y la superación de los desafíos de vida de manera memorable, profunda y pragmática. En el capítulo 19 volveremos a hablar de Pat, Boris y un encuentro estoico extraordinario en HMP Huntercombe, en diciembre de 2022.

Hace poco, Pat y yo estuvimos hablando sobre la gestión estoica de los desafíos con un grupo de más de cincuenta CEO en Londres. Ahí me preguntaron por qué no había logrado destacar como tenista, pero sí como un CEO exitoso. Y, en cambio, por qué Pat sí llegó a ser uno de los mejores jugadores del mundo en su época. Desde el punto de vista deportivo, la respuesta es muy sencilla. Como dijo acertadamente Sam Mussabini en la película *Carros de fuego*, al conversar con el gran Harold Abrahams sobre cómo mejorar su velocidad en los cien metros planos: "¡Señor Abrahams, no se puede poner dentro lo que Dios dejó fuera!".

En mi caso, el buen Dios me dio habilidades atléticas por las cuales siempre estaré agradecido, pues el deporte es una de las grandes alegrías de mi vida. Sin embargo, hay una gran diferencia entre un atleta como yo y uno de élite, como Pat Cash. Los deportistas como él son como un Aquiles moderno, el guerrero griego por excelencia.

Esta fue la razón real y obvia por la que no pasé de una clasificación mundial ATP de 400. Pero también hubo otra razón importante: sencillamente no tenía el control emocional necesario para competir todos los días en el circuito profesional de tenis a mis veintitantos años. En esa etapa de mi vida, carecía de la educación emocional y del conjunto avanzado de herramientas estoicas para mantenerme estable partido tras partido, sin que cada uno de ellos se sintiera como una enorme carga para mis emociones.

Fue cuando empecé a tranquilizarme y a encontrar un equilibrio estoico hacia el final de mi carrera tenística cuando jugué algunos de mis mejores partidos. Pat y Boris competían en otro nivel, casi en otro universo, en parte gracias a sus excelentes dones físicos, pero también a sus habilidades mentales y emocionales, y a su resiliencia en la cancha. Ellos tuvieron que desarrollar esta última a través de un largo y tardado proceso; la mía llegaría más tarde, en un escenario diferente.

El tenis como regalo para los negocios

Mi experiencia de años jugando tenis resultó inmensamente útil cuando ingresé al mundo laboral, a los veintiséis años, como aprendiz ejecutivo en Payless Shoes, en Topeka, Kansas. Pasé mi primera semana en el trabajo en el almacén de la tienda, desempacando zapatos de trabajo chinos para mujer, con un costo de nueve dólares, y colocándolos en los estantes. Catorce años después era el CEO de uno de los comercios minoristas de lujo más importantes del mundo, en Londres, dentro de la industria global de relojes y joyería.

Los primeros doce meses como CEO de esta empresa en Londres fueron brutales en todos los sentidos: había que apagar incendios en todas partes. Excedentes de inventario, poco flujo de efectivo, convenios con los bancos a punto de romperse, acreedores al acecho, proveedores actuando en contra de la empresa y de mí personalmente, socios que abandonaban el negocio, otros que amenazaban con hacerlo y una de las peores culturas laborales que uno pudiera encontrar. Sin embargo, mi manera de ver la situación era distinta a la de la mayoría. Pensaba: "Bueno. ¡Hay que arreglar esto! Precisamente para eso estoy aquí, y desde este lugar solo se puede ir hacia arriba". Lo fundamental es que no fueron los catorce años de experiencia profesional los que me dieron la confianza para "entrar en el juego y competir", por muy importantes que hayan sido. Fue el pesado y emocional recorrido en el tenis lo que me preparó para esta serie de desafíos empresariales abrumadora.

Los desafíos que enfrenté durante mi carrera en el tenis me ayudaron a construir un sólido conjunto de herramientas estoicas. Así, cuando me encontré en este enorme conflicto profesional, pude mantenerme razonablemente estable durante todo el proceso, controlar mis emociones, estabilizar los problemas, convertir a los socios en aliados y ganarme a las personas para, en última instancia, superar esos difíciles obstáculos. Tenía una ciudadela interior, un lugar de serenidad dentro de mí, aunque no siempre era evidente para quienes me rodeaban. Esa ciudadela se forjó en las canchas de tenis de todo el mundo, en gran medida gracias al fracaso.

Armado con mi conjunto de herramientas estoicas y con ayuda de mi excepcional equipo, logré sacar adelante la empresa. Tuve la fortuna de heredar un equipo de trabajadores con amplia experiencia y grandes habilidades, que solo necesitaban dirección adecuada. Tras la salida de los alborotadores, este equipo se convirtió en un ejemplo extraordinario de cómo "la suma de las partes" puede ser complementaria y sobresaliente en su conjunto. Le debo muchísimo por el éxito que alcanzamos, que culminó en mi propio "Trofeo de Wimbledon" personal: la venta a Apollo Private Equity en 2012. Este resultado significó un magnífico retorno financiero para los accionistas, aseguró el futuro económico de la empresa a largo plazo y trajo consigo acontecimientos que cambiaron la vida de muchos miembros del equipo.

Gestión de la realidad y el abismo de las redes sociales

La vida es dura, complicada y no le da a nadie demasiadas concesiones. Incluso quienes parecen tenerlo todo pueden tener dificultades para disfrutarlo; la lista de líderes empresariales, estrellas del deporte y celebridades cuyas vidas se derrumban por malas decisiones personales es interminable. ¿Por qué? Porque, independientemente de las circunstancias, la raza, la etnia o el estatus socioeconómico, todos somos seres humanos con corazones que laten, mentes que desean y almas que anhelan. La vida es el desafío cotidiano de comportarnos de la manera correcta mientras lidiamos con nuestros mundos individuales y coexistimos con otros ocho mil millones de personas que enfrentan los mismos retos.

La llegada de las redes sociales ha amplificado y distorsionado la realidad, imponiendo diferentes presiones sobre las personas, en especial en las jóvenes. La abrumadora distorsión de la realidad proviene de la cantidad desproporcionada de "falsedades" que las personas están dispuestas a compartir sobre la "verdad" de su vida. Existe una gran tendencia a perseguir el placer por encima de la felicidad y una idea equivocada de lo difícil que es alcanzar la excelencia en la vocación que escogemos. El enfoque en construir una carrera basada en la "influencia" y los "me gusta" ha creado un círculo vicioso, con plataformas de redes sociales que generan algoritmos adictivos que alimentan un flujo interminable de falsedad, generando beneficios comerciales tanto para los facilitadores como para los creadores de contenido, a menudo a costa de los consumidores.

El entorno de las redes sociales en sí mismo ya es bastante desafiante, sin mencionar los efectos colaterales en la interacción y la comunicación de las personas hoy en día. Muchos creen que pueden decir lo que quieran, cuando quieran y a quien quieran, sin una preocupación sensata por el diálogo y la civilidad. La mentalidad del "guerrero del teclado" y la "cultura de la comparación" se han desbordado por completo. Las redes sociales están contribuyendo a problemas de salud mental ampliamente documentados en toda la sociedad, sobre todo entre los jóvenes, que aún no han desarrollado por completo las habilidades de pensamiento crítico necesarias para distinguir la "podredumbre mental" de la verdad o los hechos.

Hace dos mil años, Séneca nos advirtió sobre el peligro de las salidas fáciles y el lujo, y sobre lo que provocan en una persona.

> *Nuestros lujos nos han condenado a la debilidad;*
> *desde hace tiempo dejamos de ser capaces de*
> *hacer aquello que nos negamos a hacer.*
>
> Séneca, *Cartas* 55.1

Las redes sociales perpetúan estas falsedades, con charlatanes que prometen una vida fácil si "los sigues". Las redes sociales son el paraíso para este mundo poco confiable.

¿A qué podemos recurrir?

Entonces, ¿a qué podemos recurrir para encontrar soluciones o el proceso adecuado para superar los desafíos de la vida? ¿Cómo enfrentar todos nuestros retos como seres humanos, sin importar nuestro estatus ni posición en la sociedad (atletas campeones, celebridades famosas, CEO poderosos o las personas más ricas del mundo)?

Los estoicos son claros, y Séneca es particularmente categórico: podemos recurrir a la propia naturaleza para que nos brinde respuestas, considerando sus reglas más básicas, su física y su funcionamiento interno.

Mentalidad estoica: un desafío es una oportunidad de aprendizaje

Protegemos a nuestros hijos de las dificultades porque no queremos verlos heridos ni dañados. En el mundo empresarial, los problemas de salud mental han llegado a un punto crítico, por lo que los directivos deben ser en extremo cuidadosos para proteger los intereses de sus equipos. En ambas esferas, existe un deber de cuidado, pero ¿dónde está el equilibrio que permite a los niños y a las personas sentir la cantidad adecuada de presión y desafío para que puedan crecer, aprender y madurar?

La ironía es que muchos jóvenes desean hacer grandes cosas, ser famosos y lograr algo en sus vidas; estas son metas maravillosas si la intención es dominar su oficio y no solamente obtener bienes materiales. La idea de profesionalización y la noción del éxito se han perdido, a menudo a través de, y por culpa de, las redes sociales. La lucha, el fracaso, la pérdida, el dolor y la presión pueden convertirse en experiencias de aprendizaje de las que uno puede obtener valentía y arrojo para mejorar y perfeccionar sus habilidades. Estás en un proceso, un ciclo de mejora; es importante reconocerlo y perseverar en él.

A pesar de la narrativa social, el mundo empresarial no pierde de vista una realidad ineludible: la rentabilidad. Cuando hay dinero en juego y se examina la motivación detrás del gasto del capital y la inversión financiera, la confianza se apoya en un punto clave: las capacidades, las motivaciones y las trayectorias *comprobadas* del CEO y su equipo de líderes.

Y, precisamente, una "trayectoria comprobada" es una característica de la experiencia que no puede falsificarse ni obtenerse tomando atajos. Sin duda, existen otras cualidades importantes para un CEO, pero la experiencia es un fuerte indicador de su capacidad para sobrellevar y absorber las tensiones constantes del cargo.

Marco Aurelio y la paciencia

Marco Aurelio fue increíblemente paciente antes de asumir el trono del Imperio romano. Tuvo que esperar mucho tiempo para *demostrar* su valor, pues era demasiado joven para ascender al trono tras la muerte de Adriano. El acuerdo fue que Antonino Pío ocuparía el trono de manera interina, con el propósito específico de preparar a Marco, quien era su hijo adoptivo, para ejercer el cargo. El problema fue que la espera duró veintitrés años, ¡hasta que Antonino finalmente murió! Esa debió ser una gran prueba para la paciencia de Marco; sin embargo, él aprovechó su tiempo para aprender y demostrar que era la persona indicada para ocupar el puesto.

Cuando por fin asumió el trono, Marco se enfrentó a circunstancias muy difíciles como presidente y CEO del Imperio romano: guerra, peste, recesión económica y la traición de su mejor general. En algún punto, incluso tuvo que vender parte del mobiliario del palacio imperial para recaudar fondos para el Estado. Marco tenía cuarenta años cuando se convirtió en emperador y, aunque sus habilidades no habían sido puestas a prueba a ese nivel, estaba preparado para gobernar de manera extraordinaria. Había pasado por un riguroso proceso educativo y práctico, aprendiendo a administrar y gobernar mientras recibía una excelente mentoría; demostró que podía ser paciente y eso rindió grandes frutos.

Amor fati: acepta y ama tu destino

A lo largo de su trayectoria, los líderes experimentados adoptan el concepto de *amor fati*.[1] Este concepto, profundamente arraigado en el estoicismo, significa "amor al destino" y significa aceptar y asumir todo lo que sucede en la vida —incluidos el sufrimiento y la pérdida— como algo bueno o, al menos, necesario. Implica no solo soportar, sino apreciar activamente tu propio destino, entendiendo que todos los acontecimientos de la vida tienen un significado y un propósito. Esto fomenta una mentalidad de aceptación y resiliencia ante la adversidad.

> *No busques que todo ocurra como deseas; mejor desea que todo suceda tal como es, y tu vida fluirá bien.*
>
> Epicteto, *Manual* 8

Tuve que hacer cambios significativos en mi forma de ver las cosas y en mi filosofía personal a lo largo de los años para adoptar por completo este concepto, pues en mis primeros años de carrera fui demasiado optimista con mis proyecciones financieras y la manera en que las presenté a la dirección. Cometí muchos errores, y eso me afectó a mí y al negocio. Al ser australiano y, al mismo tiempo, haber hecho una carrera en Estados Unidos, sentía que mi pensamiento estaba dividido —era demasiado positivo y no muy cauto— y siempre quería atravesar los problemas de la manera más fácil. Tuve que adoptar el *amor fati* como un principio fundamental de gestión para mejorar mis habilidades de liderazgo y esto se ha convertido en la base de mis funciones como presidente del consejo.

Los CEO más exitosos adoptan este principio como una herramienta esencial de autogestión y para la vida profesional. Han sido forjados en el crisol y sometidos a presión en la escuela de la vida, por lo que están preparados para enfrentar responsabilidades y circunstancias que surgen tanto de lugares esperados como inesperados.

La responsabilidad final recae en el CEO. Cada asunto debe abordarse con calma y con un razonamiento sereno: existen buenas noticias y malas noticias, pero, al final, todo es una noticia. La clave está en lo que ocurre después. Dentro del contexto de una estrategia enfocada y basada en la disciplina, se toman decisiones para reducir riesgos y maximizar oportunidades.

En la actualidad trabajo con cinco socios fundadores y CEO como inversionista y presidente del consejo; también colaboro con una empresa privada muy grande como presidente del consejo. Los directores con los que colaboro hoy son excelentes profesionales, pero son aún mejores personas. Hoy elijo con mucho cuidado con quién trabajo y en quién invierto, pues en los negocios no hay garantías, solo las mejores proyecciones posibles y el carácter de un CEO es una excelente brújula a la hora de evaluar nuevas empresas.

El mundo de los negocios es un ambiente duro y altamente competitivo, y si trabajas con alguien difícil, debes prepararte para pasar días complicados. Con frecuencia me descubro repasando las *Meditaciones* 2.1 de Marco Aurelio (ver página 105). Mis equipos trabajan dentro de un sistema de macrogestión disciplinado para capitalizar sus oportunidades a lo largo del tiempo, pero siempre los animo a aceptar todo lo que sucede en su negocio (tanto lo bueno como lo malo) y a dejar de perseguir la perfección y los remansos de paz: eso nunca sucederá.

La siguiente gran disrupción macroeconómica provocada por un evento global inesperado —como la crisis financiera global de 2007, el voto del Brexit en 2016 o la pandemia de covid en 2020— está, sin duda, a la vuelta de la esquina. Pero nuestro sistema de gestión, nuestra capacidad de adaptación, nuestro deseo de mejorar, nuestra apertura al cambio y nuestra calma estoica nos acercarán a los mejores resultados posibles. Y cuando tenemos periodos de éxito, buscamos maximizar y consolidar esos momentos de la misma manera en que lo hacemos cuando estamos luchando por sobrevivir.

Siempre le recuerdo a mis socios —y, por lo tanto, a mí mismo— que es el camino, no el destino, lo que forma el carácter de una gran persona. Esta es la mayor recompensa para un estoico. Como me recuerda constantemente Séneca: "Nada de lo que poseemos es necesario; basta con regresar a la ley de la naturaleza para descubrir que la riqueza está lista y esperándonos".

Resumen y reflexión

- La grandeza se forja en la dificultad, no a pesar de ella. Ya sea en la cancha del deporte de élite o en medio de una crisis, el líder estoico no evita el sufrimiento sino que aprende de él.

- Desde mis primeros años jugando tenis en Alemania hasta mi etapa como CEO en las salas de juntas de Londres, utilicé mis fracasos para aprender el control emocional de un estoico. Lo que distingue a los intérpretes de clase mundial del resto de las personas no es solo su habilidad, sino su capacidad de mantenerse resilientes y responder con una calma y perseverancia, en lugar de reaccionar de manera impulsiva.

- El concepto de *amor fati* no es una aceptación pasiva del destino; es el acto de abrazar los desafíos de la vida y buscar sentido y propósito dentro de ellos. Esta es la tarea cotidiana de un CEO: no intentar adaptar el mundo a sus expectativas, sino responder a los retos con claridad, paciencia y fortaleza.

Capítulo 11

DECIDIR DE MANERA ESTOICA

JOHN SELLARS

Hagas lo que hagas, hazlo con bondad,
de acuerdo con lo que significa ser una buena persona.
Mantén esto presente en todas tus acciones.

Marco Aurelio, *Meditaciones* 4.10

Como vimos en el capítulo 5, los estoicos pensaban que el mayor beneficio que una persona puede tener es un carácter virtuoso. Tener la mentalidad correcta *siempre* es lo ideal, ya sea que las circunstancias sean buenas o malas. De acuerdo con los estoicos, lo que conocemos como "beneficios externos" —dinero, éxito, salud, buena reputación— no es lo esencial para una buena vida. Sin embargo, esto no significa que tales beneficios les fueran completamente indiferentes. A las cosas positivas, como la salud y el dinero, las llamaban "preferibles", mientras que a las negativas, como la enfermedad y la pobreza, las llamaban "no preferibles". Quizá desarrollar un carácter virtuoso sea lo más importante, pero, como todos sabemos, gran parte de la vida diaria se consume pensando en asuntos externos: buscar lo que necesitamos y evitar lo que podría perjudicarnos. De hecho, el propósito de cultivar un carácter virtuoso es adquirir las habilidades para tomar decisiones sensatas mientras buscamos o evitamos lo externo.

> *"¿Debemos usar estas cosas externas de manera descuidada?". En absoluto, porque eso perjudica nuestra facultad de elección y, por lo tanto, va contra la naturaleza. Más bien, deben usarse con cuidado porque su uso no es indiferente… [aunque] el material que se utiliza sí lo es.*
>
> Epicteto, *Disertaciones* 2.5.6-7

La imagen del estoico como alguien totalmente enfocado en su virtud interior e indiferente al mundo que lo rodea no considera este punto fundamental. La única razón para preocuparse por la virtud, en primer lugar, es porque nos permite ser más efectivos al gestionar los beneficios del mundo externo, guiados por un razonamiento cuidadoso y un conjunto firme de principios morales.

Estudios de caso estoicos

Sobre los deberes de Cicerón es una guía práctica sobre cómo vivir como un estoico. Cicerón la escribió como un manual para su hijo y la basó profundamente en una obra —hoy perdida— del estoico Panecio. Entre las muchas preguntas prácticas que aborda, una de las más llamativas es cómo resolver aparentes conflictos entre lo que es correcto y lo que puede traernos beneficios.

Como vimos, en sentido estricto, tal conflicto es inexistente: hacer lo correcto —actuar de manera virtuosa— siempre trae el mayor beneficio. Pero a Cicerón le preocupaban más los dilemas cotidianos que las personas enfrentan al tratar de decidir qué hacer. ¿Dónde debemos trazar la línea entre perseguir beneficios externos y actuar de manera virtuosa?

CASO DE ESTUDIO 1: EL BARCO CARGADO DE GRANOS

Considera el siguiente ejemplo, que, de acuerdo con Cicerón, fue discutido por dos destacados estoicos: Diógenes de Babilonia y Antípatro de Tarso.[1] Un comerciante de granos importaba una gran cantidad de maíz desde Alejandría a la isla de Rodas. Como hubo una escasez de maíz en Rodas, el precio era alto. Por eso el comerciante tenía la posibilidad de venderlo más caro. Sin embargo, si él sabía que había otros barcos detrás del suyo, también cargados de maíz y en camino a Rodas, ¿debería decírselo a sus posibles compradores sabiendo que eso bajaría el precio, o debería aprovechar el precio alto antes de que los otros llegaran? El comerciante era un hombre bueno y decente, y quería hacer lo correcto, no obtener ganancias a cualquier costo. Entonces, ¿cuál era la manera correcta de actuar?

El estoico Diógenes de Babilonia argumentaba que el comerciante no tenía la obligación de decirles a sus posibles compradores que venían más barcos en camino. Debía ser abierto y honesto acerca de su producto y no engañar de manera intencional, pero no estaba obligado a dar información adicional. El comerciante trabajaba para ganar dinero y, por supuesto, debía intentar vender su maíz al precio más alto posible.

El alumno de Diógenes, Antípatro, no estaba de acuerdo, y sostenía que el comerciante debía aportar cualquier información relevante para que los compradores supieran tanto como él. Y aunque estaba en el negocio para ganar dinero, la prioridad más importante del comerciante debía ser el interés de sus semejantes y el sentido de comunidad. Robar a las personas en nada contribuye al bienestar social.

En respuesta a esto, Diógenes argumentó que, si se llevara la postura de Antípatro a su conclusión lógica, estaríamos moralmente obligados a regalar todas nuestras posesiones a quienes las necesitan más que nosotros. Y si bien eso podría ser algo noble, socavaría desde el inicio la idea misma de vender maíz (y, de hecho, de vender cualquier cosa). Vivimos en un mundo en el que existe la propiedad privada y las personas compran y venden cosas con fines de lucro. La pregunta es: ¿cómo actuar de manera correcta en el mundo en el que realmente vivimos?

Cicerón no revela quién ganó el debate entre Diógenes y Antípatro, aunque él se inclina hacia la postura de Antípatro: "¿Qué tipo de persona ocultaría información tan relevante?", pregunta. Podemos ver a dos grandes estoicos ofreciendo argumentos para ambos lados del debate, de modo que no hay una respuesta estoica definitiva. Lo importante es que ambos están preocupados por determinar qué es lo correcto.

Diógenes *no* está sugiriendo que el comerciante guarde silencio para obtener una ganancia rápida *a costa* de hacer lo correcto. Pero si es un hecho aceptado por todos que los precios fluctúan y que es completamente válido obtener el mejor precio vigente del mercado, entonces, según Diógenes, no hay nada malo en vender más caro; al hacerlo, el comerciante no estaría comprometiendo su carácter de ninguna manera.

CASO DE ESTUDIO 2: VENDER TU CASA

Considera otro ejemplo, también tomado de Cicerón.[2] Un hombre vende su casa. Sabe que tiene daños, quizá humedad o alguna gotera en el techo. De nuevo, suponiendo que es una persona buena y decente, ¿debería revelar estos problemas a sus posibles compradores? ¿O no tendría obligación de hacerlo, dado que todos saben que es responsabilidad del comprador inspeccionar la propiedad, mandar hacer una evaluación y asegurarse de que está satisfecho con su estado?

Una vez más, Antípatro sostenía que el vendedor debía revelar todo lo que sabía. Diógenes adoptaba la postura contraria:

nadie está obligando al comprador a adquirir la casa. Depende de él decidir si compra o no y también reunir la información necesaria para tomar una decisión informada. El hombre que vende quiere vender su casa, así que sería extraño hacer algo que impida lograr ese objetivo. Para Diógenes, el silencio no es engaño. Sin embargo, si alguien le preguntara directamente al vendedor, es claro que sería inaceptable mentir.

¿Qué es lo adecuado en este caso? De nuevo, tenemos a dos destacados estoicos defendiendo posturas opuestas. Estos casos sobresalían precisamente por no tener una respuesta clara. También vale la pena recalcar que el debate no se centraba en priorizar el beneficio personal sobre actuar con virtud. El tema es qué significa comportarse con virtuosismo en situaciones cotidianas complejas.

Principios, no reglas

La falta de una respuesta clara a estos dilemas resalta una característica clave de la ética estoica: no existen soluciones simples. No hay un manual estoico que te diga qué hacer en cada situación porque cada problema es único y debe evaluarse según sus propios términos. Por lo general, engañar es incorrecto, pero puede haber situaciones en las que sea indispensable, por ejemplo, cuando evita que alguien se haga daño a sí mismo o a otra persona. Una regla tajante como "nunca mientas" es demasiado simplista para la amplia variedad de situaciones complejas que encontramos en la vida real.

Entonces, ¿cómo *decidimos* qué hacer? Aunque no tengamos reglas, sí hay principios orientadores que podemos usar para ayudarnos a tomar decisiones en el mundo real. También existe un método que podemos utilizar para no equivocarnos.[3]

Etapa 1: haz una pausa

El primer consejo de los estoicos es hacer una pausa antes de decidir cualquier cosa. A menudo, muchos errores suelen ser producto de decisiones apresuradas y emocionales. El objetivo es volvernos personas calmadas, reflexivas y consideradas, seres racionales y buenos. Si nos apresuramos a decidir sin hacer una pausa, no nos damos tiempo para pensar en lo que realmente deberíamos hacer.

Esto se relaciona de manera íntima con lo que los estoicos opinan sobre las emociones. A lo largo del día estamos bombardeados por experiencias a las que reaccionamos de manera intuitiva e instintiva, sin pensar: "esto es bueno", "esto es malo", "esto se siente amenazante", "en verdad quiero eso". Con frecuencia hacemos juicios de valor inmediatos e irreflexivos sobre casi todo lo que nos pasa. Si confirmamos esos juicios en nuestra mente, estos generan emociones, haciéndonos sentir deseo, miedo, enojo y más. Después actuamos acorde a esas emociones. Todo esto ocurre tan rápido que ni siquiera lo notamos.

El problema es que muchos de esos juicios de valor inmediatos son incorrectos. Seguir nuestro instinto de "pelea o escape" rara vez es adecuado en la vida cotidiana moderna, y aun así no podemos simplemente apagarlo. Es por eso que necesitamos pausar antes de responder a un estímulo. Tenemos que examinar y decidir si debemos actuar según nuestro instinto o ignorarlo.

> *No permitas que la velocidad del impacto te aturda; más bien di: "Espera, déjame ver qué eres y qué impresión representas; déjame ponerte a prueba".*
>
> Epicteto, *Disertaciones* 2.18.24

Entonces, el primer paso es bajar la velocidad antes de apresurarnos a juzgar o actuar. Necesitamos desarrollar el hábito de examinar los primeros pensamientos que llegan a nuestra mente y cuestionarlos con base en los principios estoicos. Esos primeros pensamientos suelen incluir juicios de valor inconscientes. Necesitamos eliminarlos para poder evaluar la experiencia en sí misma.

> *No te digas más a ti mismo de lo que dicen las primeras impresiones. Te han dicho que alguien habla mal de ti. Eso es lo que te han dicho, pero no puedes asumir que te han lastimado... Aférrate siempre a las primeras impresiones y no añadas nada propio.*
>
> Marco Aurelio, *Meditaciones* 8.49

Etapa 2: ¿esto es virtuoso?

El siguiente paso en el proceso es poner a prueba nuestros primeros pensamientos para ver si chocan con lo que consideramos bueno y virtuoso. Un buen ejemplo que ofrece Cicerón es el siguiente: piensa en lo que quieres y pregúntate si es algo que estarías dispuesto a decir o hacer en público.[4] Si sientes la necesidad de ocultar una acción, es probable que no sea correcta. Si te avergüenza admitirlo, ¡no lo hagas! Si temes consecuencias legales, ¡definitivamente no lo hagas! Esta puede ser una forma fácil de descartar ciertas líneas de acción.

Algo más nos regresa a las ideas de Epicteto sobre lo que está bajo nuestro control y lo que no. Algunas cosas "dependen de nosotros" y otras no. Las cosas que están bajo nuestro control son —como recordarás— internas: nuestros juicios, creencias y acciones. Todas están estrechamente relacionadas con la virtud, que también es un estado mental interno. Todo lo que está fuera de nosotros escapa de nuestro control total. Podemos usar esta distinción como otra guía. Por ejemplo, ¿estás a punto de tomar una decisión porque crees que obtendrás los elogios y la admiración de otras personas? Si es así, quizá no sea la decisión correcta, porque el reconocimiento externo no "depende de nosotros" y, por lo tanto, no se relaciona con un carácter virtuoso. Por ello, esto no debería importar y podría llevarnos por el camino equivocado. No hagas lo que otras personas puedan elogiar; haz lo que en verdad consideras correcto y adecuado. Si otros lo reconocen, tal vez te elogien por ello, pero que lo hagan o no es mucho menos importante que hacerlo.

Etapa 3: lo correcto

Después de descartar los caminos que claramente nos desvían, aún nos queda determinar qué hacer. Los estoicos sugieren que hay dos conjuntos de principios que debemos tener presentes cuando decidimos cómo actuar. El primer conjunto es lo que podríamos llamar principios de "visión amplia":

- Todos somos seres sociales y formamos parte de una sola comunidad.
- Todos somos parte de la naturaleza y dependemos de ella.
- Nuestro beneficio individual está alineado con el beneficio común.

Estas tres ideas, muy relacionadas entre sí, aparecen en todos los textos estoicos y son en especial prominentes en las *Meditaciones* de Marco Aurelio. A lo largo de la obra, Marco usa estos principios orientadores para decidir qué hacer. ¿Está actuando de manera egoísta o en beneficio del bien común? ¿Está tratando a los demás como conciudadanos y colaboradores, o como oponentes? ¿Está actuando de manera que daña a la naturaleza, la fuente de todas las cosas que necesita para sobrevivir? Con estas preguntas, Marco organiza su propio proceso de toma de decisiones.

> *Si alguna vez has visto una mano o un pie amputado, o una cabeza cercenada, tirados en algún lugar lejos del resto del cuerpo, tienes una imagen de lo que una persona hace de sí misma... cuando se aísla o actúa de manera antisocial.*
>
> Marco Aurelio, *Meditaciones* 8.34

Junto a estos principios que amplían nuestra perspectiva, hay otros que se relacionan con aspectos más concretos de nuestra vida. Podemos llamarlos *principios de rol*. Cada uno de nosotros ocupa una serie de roles en la vida, algunos de los cuales elegimos (como nuestro oficio) y otros que no (ser hija, hijo, hermana o hermano). Todos estos roles están acompañados por ciertas expectativas. Algunas pueden parecer naturales y universales (como la responsabilidad de un padre hacia su hijo), mientras que otras parecen estar determinadas por la sociedad (como las obligaciones propias de un empleo). Los estoicos dicen que estos roles también nos ofrecen una guía sobre lo que debemos hacer.

Epicteto pone el ejemplo de un juez.[5] Alguien que decide voluntariamente asumir el cargo de magistrado acepta los deberes y las responsabilidades que acompañan un puesto tan importante. Aunque esperamos que cualquier persona trate a los demás con justicia e imparcialidad, exigimos que quienes están en posiciones de poder asuman ese comportamiento con mayor rigor. Lo mismo pasa con un doctor. Tenemos altos estándares para quienes asumen ese tipo de funciones. Los estoicos sugieren que debemos reflexionar sobre los distintos roles que desempeñamos y utilizarlos para decidir qué sería —y qué no— lo adecuado en cada situación. Si ocupas un puesto de liderazgo, piensa en cuáles serían las conductas apropiadas e inapropiadas para alguien en esa posición. A la luz de lo que vimos en la etapa 2, esto no tiene que ver con lo que otras personas puedan pensar de nosotros, sino con cuál es la manera correcta o apropiada de comportarse. Reflexionar sobre los diferentes roles que ocupamos puede ser una forma útil de determinarlo.

Algunas veces, los diferentes roles que desempeñamos pueden entrar en conflicto. ¿Cómo equilibras tus responsabilidades como madre, padre o pareja con las de tu trabajo y tu carrera? No existe una respuesta sencilla y cada situación es diferente, dependiendo en parte del valor que le otorgues a cada una. A veces, los principios específicos de cada "rol" pueden chocar con mantener perspectiva amplia. Es importante recalcar que Marco Aurelio sugiere que mantener una perspectiva amplia siempre debe ser prioritario.

> *Al igual que Antonio [Marco Aurelio], mi ciudad y patria es Roma, pero como ser humano, lo es el cosmos. Lo que trae beneficio a los humanos es lo único bueno para mí.*
>
> Marco Aurelio, *Meditaciones* 6.44

Capítulo 12

REFLEXIONES SOBRE LA TOMA DE DECISIONES

JUSTIN STEAD

Tu mente adopta la forma de tus pensamientos habituales, porque el alma se tiñe del color de tus pensamientos.

Marco Aurelio, *Meditaciones* 5.16

Marco Aurelio encabeza la lista del periodo antiguo como el estoico más famoso. Como mencionamos antes, su ascenso a presidente del consejo y "CEO" del Imperio romano fue un proceso bien orquestado y cultivado con cuidado. El emperador Adriano decidió que Marco sería su sucesor, reconociendo su brillantez desde niño y asegurando su camino hacia el poder; por ello, impulsó que fuera adoptado por Antonino Pío, quien se convirtió en un emperador de transición y preparó a Marco para el trono. Este fue un plan de sucesión verdaderamente visionario, combinado con una gestión cuidadosa y detallada. Estaba decidido a ser estoico, pero también a cumplir con su deber como un emperador productivo y positivo, y asegurarse de "no derramar sangre senatorial" durante su reinado.

Dicho esto, Marco siempre tomó sus decisiones desde la cima absoluta de la pirámide del poder, lo cual es una dinámica muy diferente a la de participar en un consejo o formar parte de un equipo ejecutivo. Era claramente reflexivo, proactivo, paciente y cuidadoso en sus palabras, decisiones y juicios. Esto es evidente en sus *Meditaciones*, pero también se entiende al leer sus detallados informes de decisiones legales y sus cartas personales a su maestro Frontón.

Desarrollar un marco para la toma de decisiones desde la perspectiva estoica lleva tiempo y es un proceso basado en hábitos y disciplina. Marco Aurelio es un excelente ejemplo de cómo desarrollarlo. Cicerón y Séneca, por otro lado, aunque más prolíficos en sus escritos, se muestran como seres humanos más imperfectos, tomando decisiones dentro de espacios de poder relevantes.

Cicerón: las convicciones débiles y las malas decisiones conducen a una sentencia de muerte

Para evitar malentendidos, Cicerón no es reconocido como un estoico, sino que escribió sobre temas estoicos con regularidad y, sin duda, conocía a los estoicos de Roma. Lo menciono en este capítulo como alguien que ocupó un nivel de poder político similar al de Séneca, aunque vivió mucho antes que Séneca y Marco Aurelio. Cicerón pudo haber usado el estoicismo como una herramienta de gestión efectiva para impulsar su carrera, contribuir al bien mayor de Roma y, en última instancia, salvarse a sí mismo.

Tanto Cicerón como Séneca fueron hombres brillantes de su época, que vivieron en un periodo increíblemente dinámico pero violento. La espada, en el día a día, era más poderosa que la pluma. Sin embargo, pienso que ambos fallaron en tomar decisiones cuando en verdad importaba: les costaba elegir entre su deseo de poder, influencia y beneficios materiales, y mantenerse fieles a los valores estoicos fundamentales. Cicerón tuvo una muerte prematura durante la época de proscripciones en el ascenso de Augusto y Marco Antonio al poder. Marco Antonio sentía una fuerte aversión hacia él después de que Cicerón lo atacara a él y a su carácter en repetidas ocasiones, lo que culminó en la escritura de las *Filípicas*, una serie de discursos que condenaban a Marco Antonio. Se dice que Augusto intentó mantener a Cicerón fuera de la lista de proscripciones, pero Marco Antonio se mantuvo firme.

Esta fue una decisión difícil para Augusto: salvar al orador, abogado, filósofo y senador más destacado de la época, o sacrificarlo por la estabilidad inmediata de todo el Imperio romano, complaciendo a Marco Antonio, un socio que no le agradaba en absoluto, pero con quien tenía que hacer negocios para asegurar el progreso y el éxito futuros. Augusto, que no era estoico, eligió la estabilidad a costa de la vida de Cicerón.

Considero que el problema de Cicerón, como alto funcionario dentro del Senado, es que no pudo comprometerse con ninguno de los dos bandos del conflicto a través de los valores estoicos. Vaciló continuamente durante este periodo, desde sus interacciones y relación con Julio César. Iba y venía entre los republicanos (Bruto y Casio) y los imperialistas (Julio César y Augusto). Parece que jugaba a mantenerse en el punto medio y esperar a que el viento cambiara de dirección. Quizá fue una buena estrategia política, pero su falta de convicción lo llevó, al final, a caer a manos de Antonio.

Los principios estoicos podrían haberlo guiado hacia mejores alianzas o hacia una mayor claridad con el tiempo. Si hubiera adoptado una postura estoica más firme —incluso poniéndose del lado de Julio César por el bien mayor del Imperio romano— su destino podría haber sido distinto. Podría haber tomado una decisión estoica pragmática: "El imperialismo es incorrecto, pero es inevitable, y trabajaré dentro de ese sistema por el bien común". Intentó quedar bien con ambos lados y eso le costó la vida.

Séneca: el poder corrompe y el poder absoluto corrompe de manera absoluta

Nerón figura entre los tres peores emperadores en la historia de la Roma imperial. La competencia por ese título es dura si consideramos a personajes como Calígula (delirante y cruel), Cómodo (irónicamente, hijo de Marco Aurelio, pero dado a los excesos y a las ejecuciones) y Caracalla (un tirano brutal que asesinó a su propio hermano), entre otros. Tener que trabajar dentro de la corte de Nerón debió haber sido muy desafiante para Séneca, uno de los filósofos estoicos más famosos y reconocidos. Leo sus escritos todos los días y su dominio del lenguaje y sus convicciones estoicas son extraordinarios, pero sus decisiones solían alejarse de los verdaderos valores estoicos.

Su labor como mentor de alto nivel y su influencia sobre Nerón disminuyeron drásticamente con el tiempo y debió haber presenciado, facilitado o apoyado numerosos actos horribles de depravación, violencia y asesinato (incluyendo que Nerón matara a su propia madre, Agripina). Me pregunto dónde quedaron sus convicciones estoicas más fuertes en medio de esa locura. Mientras todo esto ocurría, Séneca se convirtió en el segundo hombre más rico de Roma. Probablemente se beneficiaba de las propiedades y bienes de senadores y colegas asesinados durante el reinado de Nerón. Para su época, Séneca era una persona en extremo ambiciosa, y quizá su ambición lo desvió del camino. En mi opinión, de todos los grandes estoicos, la toma de decisiones ejecutivas de Séneca es la que más aleja su vida real de su filosofía estoica. Me recuerda a la frase: "Haz lo que digo, no lo que hago".

Me parece necesario cuestionar a Séneca como director de operaciones de Roma por lo que hizo, observó y permitió que sucediera en su papel de ejecutivo. Sin embargo, cuando compartí esta opinión con John, él planteó un excelente argumento en contra de mi postura: los estoicos hacían bien intentando permanecer dentro del sistema como personas poderosas e influyentes. Aunque esto suponía un desafío desde una perspectiva estoica, de vez en cuando, podían influir y ayudar a tomar mejores decisiones a favor del bien común. Si ellos no hubieran estado ahí, quizá las cosas habrían sido peores. Al final del reinado de Nerón, no estoy seguro de que la situación pudiera haber sido más desastrosa para quienes lo rodeaban ni para la dirección estratégica y económica del Imperio.

Cicerón y Séneca fueron filósofos y escritores brillantes, pero, en última instancia, también eran seres humanos imperfectos cuyo deseo de poder e influencia los llevó a finales prematuros y brutales, basados en decisiones que, diría yo, estaban muy alejadas de los valores estoicos fundamentales. ¿Dónde estaba su arsenal estoico cuando más lo necesitaban? Su incapacidad para mantenerse fieles a las preguntas como "¿esto es sabio?", "¿esto es justo?", "¿esto es prudente?", "¿esto es valiente?" tuvo un costo altísimo.

La toma de decisiones y la responsabilidad de un CEO

El CEO de cualquier organización es, en última instancia, responsable del desempeño del negocio y de lo que ocurre dentro de él. Para mí, esta responsabilidad tiene dos dimensiones: primero, la operación profesional del negocio y, segundo, la manera como me conduzco y lidero al equipo con base en los valores que definen nuestra cultura. Con los años aprendí que las decisiones tomadas desde la oficina del CEO eran mejores cuando mi estrategia, táctica y trabajo financiero se hacían bien desde el inicio y se actualizaban cada año según el progreso del año anterior. Era de suma importancia realizar una cuidadosa selección de las personas adecuadas y gestionar al equipo para ejecutar la estrategia acordada; ello reducía el número de decisiones que yo debía tomar de manera cotidiana.

Actualmente, como presidente de varias empresas, no tomo decisiones ejecutivas todos los días: esa es la función del CEO. Dicho esto, tengo un sistema de planeación que es universal en la mayoría de mis empresas. Mis pasos para aligerar la carga al tomar decisiones y generar mayor claridad para todos dentro del negocio son los siguientes:

- **Visión.** Crear un objetivo que inspire a la empresa.
- **Estrategia.** Formular de cuatro a seis pilares estratégicos fundamentales para cumplir la visión.
- **Ejecución táctica.** Definir de tres a cinco iniciativas con objetivos claros bajo cada pilar estratégico.
- **Planes financieros.** Elaborar planes financieros detallados (estado de resultados, balance general, flujos de efectivo) que hagan posible la visión, la estrategia y la ejecución táctica.

- **Estructura del equipo.** Formar un equipo que ejecute la estrategia. Seleccionar personas con un buen carácter y profesionales de primer nivel.
- **Cultura.** Transformar, con el tiempo, la cultura del negocio para que sea un lugar donde las personas se sientan en confianza, sean respetadas y quieran dar lo mejor de sí cada día. Los valores estoicos tienen un papel importante en esta transformación cultural.
- **Intervenciones del CEO/presidente del consejo.** Usar el tiempo y la energía de manera efectiva para satisfacer las necesidades del negocio y del equipo —en otras palabras, involucrarse cuando sea necesario y delegar en la misma medida, dependiendo del avance hacia los objetivos estratégicos y financieros.

He tenido tres empresas importantes a lo largo de una carrera ejecutiva de veinticinco años. Dos de ellas fueron sumamente exitosas: tuvieron un desempeño financiero muy sólido, el equipo sentía satisfacción personal y se fomentó una cultura sólida; nos divertíamos mucho trabajando. La tercera empresa, que representó un compromiso de siete años, no fue tan exitosa, ni en lo financiero ni en lo personal.

Si tu carrera tiene una tasa de éxito aproximada del 70 por ciento, significa que te ha ido bien en la mayoría de los frentes. Muy parecido a Roger Federer —quien ganó el 80 por ciento de sus partidos individuales de tenis, pero solo el 54 por ciento de los puntos jugados—, es vital aprovechar tus etapas de éxito y, al mismo tiempo, minimizar el bajo rendimiento y el riesgo en los momentos difíciles. La clave es ser muy consciente del periodo en el que te encuentras.

En un negocio, a veces ocurren cosas que están fuera del control de todos y, como resultado, el proyecto fracasa o no alcanza su potencial. Piensa en cualquiera de las grandes disrupciones macroeconómicas de los últimos veinte años. Los llamados "cisnes negros" destruyeron negocios en todo el mundo a una escala enorme, a pesar de la intervención significativa de los gobiernos para proteger a las empresas a través de apoyo financiero directo y préstamos con bajas tasas de interés. Durante estos periodos difíciles, necesitas excelentes profesionales para sobrevivir, pero también un sistema personal de gestión basado en la resiliencia y una estrategia para enfrentar los problemas con ética y moral.

El mundo del capital privado: implacable pero real

El ámbito del capital privado es complejo y, en ocasiones, implacable. Inversionistas (capital), socios financieros bancarios (deuda) y la administración (ejecución) caminan juntos sobre una cuerda floja muy delgada para lograr el éxito empresarial y financiero. Todos persiguen el éxito común, pero también —y sobre todo cuando las cosas salen mal— defienden sus propias zonas de protección y defensa.

El modelo de capital privado, tal como lo conocemos hoy, ha sido objeto de gran escrutinio desde su surgimiento en los años ochenta con las compras apalancadas. Este puede ser un juego muy lucrativo, pero también despiadado. El desempeño financiero es el factor decisivo y los mejores fondos de capital privado generan rendimientos extraordinarios para sus inversionistas. La competencia entre las firmas de capital privado por atraer capital es feroz y ese capital se moverá hacia los grupos con mejor desempeño: es la ley de la selva.

Los CEO, tanto en el ámbito privado como en el público, tienen que gestionar muchas situaciones complejas, tratar con los actores involucrados y cumplir con las expectativas. Por eso la compensación es extraordinaria cuando se logra el éxito, aunque también implica un costo personal muy alto, mucho tiempo y, si no se maneja con cuidado, un sacrificio del bienestar. Al igual que Marco Aurelio, Cicerón y Séneca en sus respectivos foros, las apuestas son altas para muchos intereses colectivos, pero también para los individuos que participan en este juego. Asegurarse de que se tomen decisiones éticas, buenas y consistentes puede ser difícil, especialmente cuando la situación económica se deteriora.

Puntos de presión y conflicto en la toma de decisiones

Después de haber trabajado en y para el sector privado por más de veinte años, con éxitos y fracasos mixtos, puedo decir que tomar decisiones no siempre ha sido fácil. He tenido que balancear los requisitos y las expectativas financieras de los inversionistas con valores que son muy importantes para mí como persona y como estoico. Mis consejeros y socios suelen ser muy buenos para tomar decisiones relacionadas con estrategia, gestión de gobierno corporativo, controles de auditoría, asignación de capital y banca. Sin embargo, mis mayores conflictos a lo largo de los años con socios e inversionistas de capital privado han girado en torno a las *personas* y a los *equipos*.

En muchos emprendimientos nuevos, los socios inversionistas se entusiasman con el negocio y la oportunidad. Quieren ver su inversión protegida y un plan claro trazado. Una vez que el plan está definido, la atención se dirige al equipo. Lo normal es asegurarse de que cada puesto dentro del organigrama sea "perfecto" para obtener buenos resultados en cada área; ahí es donde surge el conflicto. Yo siempre he sido reacio a hacer cambios radicales hasta que haya podido ver cómo las personas se desempeñan y se adaptan a una nueva gestión, una nueva dinámica de equipo y una nueva estrategia empresarial. Eso toma tiempo.

Puedo recordar seis ocasiones distintas en las que, después de una reunión con la junta directiva, los accionistas y la junta me pidieron despedir a ciertos ejecutivos del más alto nivel y reemplazarlos. En cada caso decidí oponerme para salvarlos. Estas solicitudes de despido eran a menudo impulsivas y emocionales, carentes de perspectiva. Por ello, siempre les pedía a todos que se sentaran con sus emociones durante veinticuatro horas y luego volviéramos a hablar del tema.

En lo personal, y para mi disgusto, he tenido que aprender que la impaciencia tiene un alto costo, en especial cuando se debe gestionar a las personas y tomar decisiones difíciles sobre el equipo. Oponerse a tu presidente y a la propia junta directiva para frenar la presión de despedir a un miembro sénior de la compañía no es fácil cuando tú, como CEO, sabes más que ellos respecto al valor de esa persona: lo que aporta al equipo operativo en general, cómo es vista dentro del negocio, su experiencia y conocimiento intelectual, y el costo de reemplazarla en el mercado laboral.

El proceso de capas en la toma de decisiones estoica

Con los años, mi marco como estoico comprometido ha mejorado y se ha fortalecido gracias a que he aplicado sus valores y otros esquemas estoicos de manera constante y en todas las tomas de decisiones, sobre todo las importantes.

Mis primeros años como CEO estuvieron marcados por reacciones emocionales. No bastaba con simplemente aumentar mi experiencia; necesitaba un enfoque más sólido para mejorar mi toma de decisiones. Tomé muchas decisiones siguiendo mi instinto sobre a quién reclutar, qué alianzas respaldar, qué costos recortar, qué inversiones realizar y qué estrategia implementar en torno a esas tácticas. En la actualidad, los datos y la información son aspectos que impulsan gran parte de los negocios en todos los sectores, y esto es positivo, pues permite trabajar con eficiencia y asignar capital con la confianza de que se generarán rendimientos para los accionistas. Dicho esto, con el paso de los años elegí que no quería reemplazar por completo mis emociones e instintos al momento de decidir. Quería aprovechar la experiencia que estaba adquiriendo y, sin duda, capitalizar los datos para convertir la información numérica y la cuantitativa en oportunidades. Sin embargo, mis fuertes valores estoicos se volvían cada día más relevantes conforme me convertía en presidente de múltiples empresas, trabajando con varios CEO, inversionistas, socios y consultores en un escenario empresarial global.

Mis procesos de pensamiento podrían describirse de una manera muy disciplinada:

---

1. ¿Qué me dicen mi instinto y mi intuición?

2. ¿Qué me dice la experiencia que he adquirido a partir de todos mis éxitos y fracasos?

3. ¿Qué revelan los datos sobre lo que ha ocurrido y lo que podría ocurrir?

4. ¿Cómo se ajusta esta decisión con mis valores estoicos?

El uso del estoicismo en la toma de decisiones de un CEO

Durante la pandemia de covid en 2020, la empresa que dirigía requirió atención inmediata y urgente para salvarse. Las ventas se habían desplomado, pero las expectativas sobre los resultados seguían vigentes. Por lo tanto, fue necesario tomar decisiones importantes sobre los gastos y las inversiones del negocio:

- Las inversiones se congelaron o se cancelaron de inmediato.
- Todos los costos variables se redujeron o se cancelaron.
- Todos los gastos vinculados con ventas se redujeron o se cancelaron.
- Y luego, el asunto más difícil: una revisión del equipo.

En un negocio donde los ingresos se habían reducido a menos de la mitad y los canales de venta habían cambiado de manera significativa, simplemente no necesitábamos tener la misma estructura ni el mismo equipo de personas para mantener la operación en el futuro inmediato. Tuvimos que hacer reducciones importantes y recortes de personal.

Cuando estaba considerando una posible reducción de la mitad de la plantilla de la empresa, apliqué capas de pensamiento estoico para respaldar la decisión final, después de pasar por los pasos uno a tres de mi proceso de toma de decisiones mencionado más arriba. Estas capas consistían en revisar una por una las virtudes cardinales:

- ¿Es **sabio o justo** despedir a tantas personas durante una pandemia?
- ¿Es una decisión **templada** o equilibrada?

- ¿Es **valiente** mantener a más personas con menor salario o hacer recortes más decisivos?
- ¿Cuál es la mejor decisión para *todas* las partes involucradas en esta situación: empleados (presentes y potencialmente pasados), accionistas, proveedores, bancos?

Tras considerar todos estos factores y después de un trabajo cuidadoso con el equipo directivo y el consejo, concluí que era necesario proteger el bien común y la seguridad del negocio a largo plazo, incluyendo a los empleados que permanecerían en la empresa. Los recortes más difíciles se llevaron a cabo lo antes posible y logramos conservar a tantas personas como pudimos gracias a los programas gubernamentales de subsidio al empleo. Por supuesto, muchos otros CEO llegaron a conclusiones similares. Sin embargo, desde una perspectiva estoica, este ejemplo muestra que las decisiones más trascendentes pueden sustentarse tanto en valores éticos como en un análisis empresarial riguroso.

En la última década, he trabajado con socios y coinversionistas que querían ambas cosas: un liderazgo comercial sobresaliente y un código ético firme dentro de nuestro equipo directivo. El sistema de valores estoico anima a quienes dirigen a considerar todas las implicaciones de sus decisiones estratégicas, tácticas y difíciles. Hoy, tras cada decisión que tomo, me planteo responder las siguientes preguntas:

- ¿Estoy siendo sabio, justo, templado y valiente?
- ¿Estoy considerando el panorama general y la visión estratégica superior?
- ¿Estoy tomando decisiones que aportan al bien común, en armonía con la naturaleza y que reflejan una conducta responsable dentro de la empresa?

Reflexiones sobre la experiencia del covid

La empresa que dirigí como CEO durante la pandemia de covid difícilmente generará el rendimiento que anticipábamos cuando iniciamos el negocio en 2016. Entre 2017 y 2019 habíamos duplicado las utilidades y, después, la pandemia destruyó todas esas ganancias. Tomamos las decisiones más difíciles durante un periodo de dos años marcado por una enorme disrupción. El resultado fue que logramos proteger a la empresa, conservar muchos empleos, hacer crecer el negocio en nuevos mercados menos afectados por el covid y cumplir con todos nuestros proveedores y socios bancarios.

¿Rendimientos para los inversionistas? Seguimos en ese negocio y el resultado financiero final solo podrá evaluarse después de una década de trabajo. En determinados contextos, tan solo alcanzar el punto de equilibrio ya representa un logro enorme, dadas las condiciones que la empresa tuvo que soportar.

¿Fue decepcionante? Claro, en cierto sentido. Pero, desde otra perspectiva, fue uno de mis mejores desempeños como CEO: no perdimos la empresa en un proceso de intervención externa ni en bancarrota del capítulo 11, ni perdimos toda nuestra inversión, que en algún momento parecía ser el resultado más probable.

No todo en los negocios se mide en dinero, y este fue claramente mi caso durante este periodo: trabajé bajo un estrés enorme, aplicando una mentalidad estoica cada día para tomar las decisiones que no solo afectaban a la empresa, sino a personas y a familias enteras.

El arsenal estoico

Aplicar las virtudes y los valores estoicos a tu proceso de toma de decisiones, después de un análisis empresarial riguroso, es un aliado poderoso para lograr el éxito y contribuir al bien común. Como Marco declaró sabiamente en el libro 5 de sus *Meditaciones*: "Tu mente adopta la forma de tus pensamientos habituales, porque el alma se tiñe del color de tus pensamientos". Como CEO, debes teñir tu mente con preguntas sobre tus acciones antes de tomar decisiones importantes, como: ¿estoy actuando con corrección, sabiduría, justicia, templanza y valentía? Este enfoque genera confianza, autonomía y solidez de carácter, además de que permite una comunicación clara y asertiva en la sala del consejo en los buenos momentos y, en particular, cuando las cosas se ponen difíciles.

Al colocar las virtudes estoicas en el centro del proceso de la toma de decisiones, el consejo tiene claridad sobre el conjunto de valores desde el que trabaja el CEO, algo que no siempre es evidente o conocido, especialmente cuando las cosas se complican. Un CEO así tiene la conciencia tranquila y deja claro que no se deja corromper por incentivos inadecuados. Y, sobre todo, un CEO estoico puede demostrar que las empresas pueden ser una fuerza positiva en el mundo, haciendo grandes cosas que contribuyen de manera sólida a los resultados financieros, pero también al bien universal.

Resumen y reflexión

- Marco Aurelio destaca como líder gracias a su excelente toma de decisiones. A diferencia de Cicerón y Séneca, cuya brillantez a menudo se veía socavada por la ambición, la inconsistencia o el miedo, las decisiones de Marco eran mesuradas, pacientes y éticas, basadas en la virtud, incluso mientras ejercía un poder y una responsabilidad enormes.

- Para un CEO moderno, liderar implica asumir responsabilidad tanto por los resultados como por la manera en que se ejerce el mando. Con el tiempo he aprendido a combinar la intuición, la experiencia y los datos con valores estoicos, preguntándome si cada decisión es sabia, justa, templada y valiente.

- Sin importar los retos que enfrentes, el marco estoico para la toma de decisiones aporta claridad y confianza al equilibrar la responsabilidad ética con los resultados prácticos. Cuando se incorpora la toma de decisiones estoica en el liderazgo cotidiano, los CEO pueden pasar de reaccionar ante incendios a actuar con principios.

Capítulo 13

REFLEXIÓN SOBRE EL TIEMPO

JOHN SELLARS

La vida es larga si sabes cómo usarla.

Séneca, *De la brevedad de la vida* 1.4

Nuestro recurso más valioso es el tiempo. Hoy en día es muy común que la gente se queje de "no tener tiempo" y de estar sobrecargada con demandas cada vez mayores sobre su tiempo y atención. El mayor desafío para muchos de nosotros es mantener el enfoque en las cosas que más nos importan y evitar las distracciones constantes que nos atacan desde todas direcciones.

Si bien esto puede sentirse como un problema del siglo XXI —un producto de la revolución digital de las últimas décadas—, en realidad no es nada nuevo. Estoicos como Séneca y Marco Aurelio también lucharon y reflexionaron sobre la mejor manera de administrar su tiempo. Sus pensamientos siguen siendo tan relevantes hoy como lo fueron hace casi dos mil años.

Séneca sobre el valor del tiempo

La vida es corta. A medida que los años pasan, parecen transcurrir cada vez más rápido. Justo cuando empiezas a entender el ritmo, el viaje casi ha terminado. La vida pasa tan deprisa que es muy fácil perder el rumbo, atrapados en el ajetreo de actividades interminables y, a menudo, poco gratificantes. Algunas personas trabajan y trabajan y trabajan, posponiendo las cosas que les importan hasta la jubilación, solo para morir de agotamiento antes de poder hacer cualquiera de ellas. Todo esto parece un problema moderno, pero Séneca ya lo describía en su ensayo *De la brevedad de la vida*. Ahí explica cómo algunas personas en el mundo antiguo solían quejarse de que la vida era demasiado corta. Pero Séneca pensaba que ellos se equivocaban —como nosotros hoy en día— al creer eso: "No es que tengamos poco tiempo, sino que desperdiciamos gran parte de él".[1] Tenemos tiempo suficiente para lograr grandes cosas, siempre y cuando lo usemos bien. Acortamos nuestra vida al desperdiciar gran parte de nuestro tiempo en reuniones improductivas, correos innecesarios, redes sociales adictivas y noticieros interminables. Séneca hace una analogía con el dinero: una herencia modesta puede rendir mucho si se administra con cuidado y se usa de manera eficaz, pero también puede malgastarse en indulgencias innecesarias y placeres fugaces, sin dejar nada al final. Por lo general, las personas suelen ser mucho más cuidadosas con el manejo de su dinero que con la forma en la que gestionan su tiempo. Pero el tiempo es mucho más valioso que el dinero: siempre es posible ganar más dinero, mientras que el tiempo es un recurso limitado, que siempre disminuye. Cada momento cuenta.

A pesar de que nuestro tiempo es un recurso que se reduce constantemente, Séneca sostiene que, si aprendemos a gestionarlo de manera adecuada, no hay razón para sentir que no es suficiente. Las distracciones que él menciona resultan demasiado familiares aun para ser del siglo I d. C.:

- "Una devoción ardua a tareas que son inútiles".
- "La embriaguez por el vino".

- "La parálisis por la pereza".
- "El agotamiento por la ambición".
- "La codicia como impulso para cruzar mar y tierra en busca de ganancias".
- "La insatisfacción constante, saltando de un plan a otro".
- "Vivir sin un objetivo fijo, simplemente arrastrados por las circunstancias externas".

Sin duda, todos podemos reconocer estos ejemplos en nuestra vida o en la de quienes nos rodean. Evidentemente, las personas en la Roma imperial no eran tan diferentes de nosotros y, por eso, gran parte de lo que dice Séneca sobre este tema —y sobre muchos otros— siguen vigentes. Nadie que viva en alguno de estos estados está *viviendo* en plenitud, en el sentido estricto de la palabra. Gran parte de nuestra existencia consiste solo en dejar pasar el tiempo y no en estar verdaderamente vivos. Esto les ocurre tanto a quienes ocupan los niveles más bajos como a quienes están más arriba de la pirámide social. Las personas desafortunadas se ven obligadas a trabajar en roles insatisfactorios para sobrevivir, mientras que las exitosas enfrentan la presión de administrar su riqueza y lidiar con las demandas constantes de los otros, al grado de perder su propia libertad. Al final, todos entregan su tiempo a los demás hasta que ya no les queda nada: "nadie se pertenece a sí mismo".[2]

Habiendo identificado algunas de las distracciones, Séneca ofrece soluciones para mejorar nuestra administración del tiempo. Ante todo, debemos reconocer que el tiempo es la mercancía más valiosa que tenemos. Deberíamos pensar con mucho más cuidado cómo lo utilizamos sobre cualquier otro recurso. Por tanto, necesitamos reflexionar con cuidado sobre cuáles son nuestros objetivos y qué estamos tratando de lograr, ordenándolos por prioridad. Con esa jerarquía clara, podemos asegurarnos de dedicar tiempo solo a lo que realmente importa. No es raro encontrar personas que dicen que su familia es importante para ellas, pero que priorizan tanto el trabajo que rara vez pasan tiempo de calidad con sus seres queridos. Quizá el trabajo sea más importante para ellas —lo cual es una decisión personal— o quizá exista una falta de correspondencia entre sus valores y la manera en que gestionan su tiempo.

De hecho, quizá de forma inesperada, el mensaje principal de Séneca respecto a la gestión del tiempo no es intentar ser más eficientes ni hacer más cosas. Por el contrario, aconseja reducir nuestros compromisos, limitar las exigencias de los demás y bajar el ritmo para poder disfrutar del tiempo que tenemos, dedicándolo a lo que es más importante para nosotros. Esto debería aplicarse tanto en el trabajo como en el hogar. También nos advierte en contra de posponer las cosas, en especial aquellas que más nos importan.

"'Después de mis cincuenta años me retiraré para descansar; mis sesenta años me liberarán de los deberes públicos.' ¿Qué garantía tienes de que tu vida durará tanto? ¿No te avergüenza reservar para ti

> *solo las sobras de la vida...? ¡Qué tarde es empezar a vivir justo cuando debemos dejar de existir!".*
>
> Séneca, *De la brevedad de la vida* 3.5

¿Pospones con frecuencia las cosas que más te importan, tanto en tu vida personal como en tu carrera, para un futuro hipotético que quizá nunca llegue a existir? Como dice Séneca, "posponer es el mayor desperdicio de vida".[3]

Además de esta priorización de objetivos, Séneca también advierte contra el exceso de ocupación. Es fácil sentirse productivo cuando se está corriendo de un lado a otro, pero ¿cuánto del trabajo que en verdad importa estás haciendo realmente? Estar ocupado con muchas cosas a la vez es estar distraído por muchas cosas, incapaz de concentrarte en la tarea en curso. El consejo de Séneca es hacer una sola cosa a la vez, lenta y dedicándole toda tu atención.

> *Ninguna actividad puede realizarse con éxito por alguien que está ocupado con demasiadas cosas.*
>
> 
>
> Séneca, *De la brevedad de la vida* 7.3

En una observación aguda, Séneca señala que las personas obsesionadas con la longevidad suelen ser las que más desperdician su tiempo. Ellas son las que posponen su vida, esperando que añadir unos cuantos años más al final les permita tener tiempo para relajarse, disfrutar y hacer las cosas que realmente quieren hacer. En cambio, quienes disfrutan su vida de forma plena en el presente, dedicando su tiempo a actividades efectivas y satisfactorias, suelen estar mucho menos preocupados por cuánto vivirán porque están viviendo en el ahora; calidad por encima de cantidad.

¿Cuántas semanas?

El libro de Oliver Burkeman *Cuatro mil semanas: Gestión del tiempo para mortales* comienza con un fragmento del ensayo de Séneca: "Este espacio que se nos ha concedido pasa tan rápidamente que, salvo unos pocos, todos experimentan el fin de la vida justo cuando están listos para vivir".[4] Tanto Burkeman como Séneca tienen el mismo propósito: sacudir nuestra autocomplacencia recordándonos el poco tiempo que tenemos. El cálculo de Burkeman (cuatro mil) es una estimación de cuántas semanas viviríamos si llegáramos a los ochenta años. Pero, por supuesto, nada garantiza que vivamos tanto y un número significativo de personas nunca llega a esa edad. Seamos honestos: si tuviste cuatro mil semanas, te fue bien; tu cifra final podría ser bastante menor. Según la Organización Mundial de la Salud, la esperanza de vida global promedio es de unos setenta y dos años. Eso es alrededor de cuatrocientas semanas menos que si llegáramos a los ochenta. Además, ten en cuenta que este es un promedio, lo que significa que muchos de nosotros quizá nunca alcancemos esa edad. Si cuatro mil no te parecen muchas semanas, haz una pausa para reflexionar sobre cuántas personas probablemente no vivirán siquiera eso.

Seamos optimistas por un momento y asumamos que vivir cuatro mil semanas está a nuestro alcance. De hecho, démonos algunas más, porque ochenta años son en realidad 4 160 semanas. Pero ¿qué edad tienes ahora? ¿Cuántas semanas has disfrutado ya, que nunca se repetirán? Escribo esto cerca de mi cumpleaños número cincuenta y cuatro. Ya he vivido unas 2 800 semanas y quizá tenga la oportunidad de disfrutar otras 1 300, más o menos. Pero si mi tiempo termina más cerca de la esperanza de vida promedio de la OMS, podría tener menos de mil. Menos de mil semanas no parece mucho tiempo, y ni siquiera están garantizadas.

Solo el momento presente

Una persona muy consciente de que no existían garantías en cuanto a la expectativa de vida fue Marco Aurelio. Marco nunca conoció a su padre, pues murió cuando tenía poco más de treinta años y él apenas tenía tres. Más tarde, Marco y su esposa Faustina tuvieron catorce hijos, muchos de los cuales fallecieron en la infancia. Solo se sabe de cuatro que llegaron a la edad adulta. Marco vivió en un mundo en el que la gente estaba constantemente recordando su mortalidad y su posición privilegiada no podía protegerlo de ello. En *Meditaciones*, reflexiona con frecuencia sobre su propia mortalidad y sobre la brevedad de su vida en comparación con la inmensidad del tiempo. Pero, en lugar de preocuparse por cuánto tiempo le quedaba, Marco ofreció una solución muy práctica: concentrarse en lo que se tiene justo ahora, en el momento presente.

> *Practica vivir únicamente la vida que estás viviendo, es decir, el presente. Así podrás, al menos, vivir el tiempo que te quede hasta morir sin inquietudes y con bondad, en reconciliación contigo mismo.*
>
> Marco Aurelio, *Meditaciones* 12.3

Existen múltiples razones por las que Marco insiste en que nos enfoquemos en el momento presente:

---

1. Solo existe el momento presente. El pasado ya se fue y el futuro aún no llega. "Cada uno de nosotros vive solo en el presente, este breve instante; el resto es una vida que ya pasó o un futuro incierto" (*Meditaciones* 3.10).

2. Ni el pasado ni el futuro están bajo nuestro control. Como vimos, los estoicos sostienen que no tiene sentido gastar energía en cosas que no podemos controlar.

3. Quedarse atrapado en el pasado (remordimiento) y preocuparse demasiado por el futuro (miedo y ansiedad) probablemente generen emociones negativas que limitarán

nuestra capacidad de pensar con claridad y tomar buenas decisiones.

4. La única manera en que podemos influir en algo es actuando aquí y ahora: en el momento presente.

El problema es que podemos agobiarnos por analizar en exceso el pasado y preocuparnos demasiado por el futuro. Lo que necesitamos es dejar todo eso entre paréntesis para poder concentrarnos en lo que debe hacerse ahora mismo:

> *No dejes que la imagen de toda tu vida te abrume; no te pierdas en todos los problemas que han ocurrido y que ocurrirán. En cambio, ante cada tarea presente, pregúntate: ¿qué de esto no puedo soportar o resistir? Te avergonzará admitirlo. Luego recuérdate que lo que te pesa no es el futuro ni el pasado, sino siempre el presente, y que ese peso disminuye gradualmente si te concentras solo en lo que tienes delante.*
>
> Marco Aurelio, *Meditaciones* 8.36

Así, Marco recomienda que aislemos el momento presente, olvidemos lo que ya sucedió y no puede cambiarse, y evitemos preocuparnos por cómo podrían desarrollarse las cosas más adelante. ¿Qué se puede hacer ahora mismo para mejorar la situación actual? Eso es lo único que está bajo nuestro control y la única manera en que podemos marcar la diferencia. Cuando nos sentimos abrumados por demasiados problemas y responsabilidades, centrarnos en la tarea actual puede ser una técnica muy útil.

La vida es corta y ninguno de nosotros sabe cuánto tiempo durará, pero no podemos hacer nada al respecto. Lo que sí podemos hacer es actuar ahora, enfocando nuestra atención en las tareas y los retos que tenemos justo enfrente.

Gestión del tiempo estoica

Con todo lo anterior, podemos decir lo siguiente:

- El tiempo es el recurso más valioso que tenemos porque es limitado y no puede recuperarse. Vale la pena reflexionar de vez en cuando sobre nuestra propia mortalidad para recordarnos esto.
- Por ello, debemos ser muy cuidadosos con la forma en que gestionamos nuestro tiempo, dedicándolo solo a las cosas que consideramos más importantes y valiosas. Debemos ser especialmente cautelosos al regalar nuestro tiempo a otros realizando tareas y proyectos innecesarios, inútiles o poco interesantes.

- Si bien aprender del pasado y planear para el futuro son cosas importantes, lo que en verdad importa es lo que podemos hacer ahora, en el presente. No debemos aferrarnos a lo que no puede cambiarse ni involucrarnos en resultados que no podemos anticipar.
- Retomando la analogía del arco de Antípatro del capítulo 3, debemos enfocarnos en la actividad o el proceso —lo que está bajo nuestro control— y no en el resultado, que no lo está. El tiempo dedicado a una actividad satisfactoria o valiosa por sí misma es tiempo bien aprovechado, sin importar el resultado.

Capítulo 14

LA GESTIÓN DE TIEMPO DEL CEO ESTOICO

JUSTIN STEAD

Actúan como mortales en todo lo que temen
y como inmortales en todo lo que desean.

Séneca, *De la brevedad de la vida* 3.4

Al escribir este capítulo sobre la gestión del tiempo, de forma natural surgieron otros temas del estoicismo que están relacionados, incluido el incómodo pero esencial tema de la muerte. Hoy mi agenda personal y mis compromisos de vida se organizan en torno a las siguientes funciones, responsabilidades y proyectos profesionales, enlistados en orden de importancia y prioridad:

---

1. Ser humano en evolución.

2. Esposo amoroso de mi maravillosa esposa.

3. Padre amoroso de mis queridas hijas.

4. Hijo y hermano amoroso de mi familia cercana.

5. Amigo leal y comprometido de un grupo reducido de personas; cuando llaman, respondo de inmediato.

6. Presidente, socio e inversionista en un portafolio de proyectos empresariales.

7. Fundador de la Aurelius Foundation, un compromiso filantrópico guiado por el estoicismo, con una proyección de veinticinco años.

8. Cofundador de la banda de rock Rolling Stoics.

9. Participante en otros compromisos y roles de asesoría comunitaria.

10. Entusiasta del tenis, siempre en busca del juego perfecto.

Como estoico, cada seis meses realizo una autoevaluación de mis principales actividades y áreas de enfoque. Por ello, la asignación de tiempo a cada área varía según el lugar que ocupe en mi lista de prioridades; no todas las cosas tienen el mismo peso.

¿Por qué?

Para asignar mi tiempo de manera efectiva a las áreas correctas de mi vida, las priorizo con claridad y acuerdo estas prioridades conmigo mismo (y con mi esposa).

Cada seis meses reviso las áreas principales de mi vida para observar cualquier cambio. A partir de esta disciplina, cualquier cosa fuera de la lista que demande mi tiempo suele recibir un "no" de mi parte (uno rotundo).

Esta lista ha experimentado cambios, a veces drásticos, cada tres o cinco años a medida que he alcanzado distintos hitos en la vida y logrado ciertos objetivos; asimismo, he acumulado fracasos y decepciones por no cumplir algunas metas. Este proceso de revisión me permite concentrarme en lo que más me importa conforme avanzan los años, tanto en lo personal como en lo profesional.

Comprender los conceptos del tiempo según los griegos

Los antiguos griegos tenían dos conceptos distintos de tiempo: *chronos* y *kairos*.

Chronos se refiere al tiempo cronológico o secuencial: el tiempo medible y cuantificable de los relojes y calendarios. Por el otro lado, *kairos* señala un momento cualitativo y oportuno: un instante fugaz que se aprovecha para hacer algo "justo a tiempo".

Marco Aurelio y Séneca, como estoicos y ejecutivos de alta jerarquía, habrían sido muy conscientes de esta distinción. En temas relacionados con las personas y la sociedad, hablaban con la mentalidad de *chronos*. Al tratar el crecimiento personal y el ser estoico, hablaban desde la mentalidad de *kairos*.

Marco está particularmente obsesionado con el tiempo, enfatizando lo finita que es la vida e instándonos a empezar a ser grandes seres humanos ahora (*kairos*). Séneca se enfoca en usar bien el tiempo, insistiendo en que solo nos alcanzará si sabemos priorizar con sabiduría (*chronos*).

Como CEO, uno debe considerar el tiempo de ambas maneras. Aunque *chronos* suele recibir la mayor atención para "hacer las cosas", *kairos* no puede descuidarse, pues, para el desarrollo personal, es esencial saber aprovechar el momento y tomar decisiones clave cuando surge la inspiración.

El poder del "no"

La palabra "no" es el secreto para controlar tu recurso más importante: tu tiempo. Este recurso se vuelve cada vez más valioso conforme avanzas por las distintas etapas de tu vida. A pesar del entusiasmo actual —¿podría decir, el "revuelo"?— sobre cómo la ciencia puede ayudarnos a ganar años, en términos generales pienso que la vida puede compararse con las estaciones:

- Primavera: 1-20 años.
- Verano: 20-40 años.
- Otoño: 40-60 años.
- Invierno: +60 años.

Como estoicos, observamos el tiempo y la muerte con más agudeza y pragmatismo que la mayoría. Tengo cincuenta y ocho años, exactamente la edad que Marco Aurelio tenía cuando murió a causa de la peste antonina a orillas del Danubio. Así que debo ser honesto conmigo mismo y analizar bien el tiempo que me queda y cómo lo gasto. Todos vamos a morir; es un proceso tan natural, como nacer. Todas las criaturas y seres humanos que han existido han pasado por este mismo proceso. Nosotros, como estoicos, somos parte de la naturaleza, venimos de ella y ahí regresaremos.

Humano en evolución: prioriza, ante todo, gestionar tu propio tiempo

La principal prioridad en mi lista es ser un "humano en evolución". ¿Por qué? Dedico gran parte de mi tiempo a actividades individuales de mejora y bienestar mental, físico y espiritual. Me concentro en lo que puedo controlar: una gran rutina de ejercicio, una dieta disciplinada, meditación diaria, alcohol limitado, ingesta baja de azúcar, ayuno diario y una rutina regular de baños fríos y sauna. Creo que mantenerme saludable proporciona una base sólida para el resto de mi vida.

Mi mayor motivación para gestionar bien mi agenda es pasar la mayor cantidad posible de tiempo de calidad con mis tres hijas. A pesar de las solemnes advertencias estoicas de Marco sobre la impermanencia de nuestros seres queridos, ellas son mi mundo.

Conocer los puertos: conócete a ti mismo, como demanda el Oráculo de Delfos

Séneca refuerza esta prioridad de manera hermosa con su frase inmortal: "Si un hombre no sabe a qué puerto navega, ningún viento le es favorable". Yo intento conocer todos los "puertos" de mi vida para que los "vientos" diarios de mi energía y concentración me lleven consistentemente en la dirección correcta. A los cincuenta y ocho años siento que hasta ahora obtuve el dominio del gran desafío del Oráculo de Delfos: "Conócete a ti mismo".

He delineado mis puertos de destino actuales y, por lo tanto, necesito una combinación sólida de consideraciones de *chronos* y *kairos* para crear una experiencia humana equilibrada y plena.

La gestión del tiempo como CEO

Para un CEO, todos estos principios se manifiestan de manera intensa en el ámbito empresarial. Los líderes más exitosos suelen ser, casi sin excepción, eficaces y productivos, tanto para sí mismos como para sus equipos.

Cuando tenía cuarenta años, a finales del verano y comienzos del otoño de mi vida, me convertí en CEO. Había viajado muchísimo, completado una educación sólida y acumulado una experiencia profesional global significativa. Dejé el mundo corporativo tradicional para convertirme en el CEO de una empresa privada, más emprendedora. Fue una decisión centrada en lo que los estoicos llaman un elemento "indiferente", también conocido como dinero.

Sé que, como estoico, seré cuestionado por esto. Tanto la "fortuna" como el "dinero" están clasificados como "indiferentes" y respeto profundamente este principio. Séneca habla con tanta frecuencia sobre lo efímeras y volubles que son "la fortuna y la fama". Marco es claramente desdeñoso de la fama y de lo absurdo que es perseguirla de manera innecesaria.

Sin embargo, yo valoré la opinión estoica respecto al valor del tiempo. Mi cálculo era sencillo: cuanta más independencia financiera pudiera tener hacia mediados del otoño (hacia los cincuenta), más tiempo tendría en la segunda mitad de mi vida, suponiendo que viviera para ver todas las estaciones.

A los cuarenta años, como CEO de una empresa con una facturación de quinientos millones de dólares, estaba muy consciente de que debería emplear bien mi tiempo. He visto a muchos colegas malinterpretar sus propias estaciones de la vida y gestionar su tiempo dentro de ellas de manera inadecuada. Si a esto se suma una falta de autoconocimiento o de prioridades y objetivos claros, puede convertirse en una receta para el desastre personal.

¿Cuántos líderes se estresan intentando hacer todo al mismo tiempo? ¿Cuántos ejecutivos acaban divorciándose? Dadas las necesidades personales y profesionales que exigen una parte de su tiempo, es esencial que los CEO establezcan prioridades y planifiquen su tiempo en consecuencia. ¿Cuáles son tus objetivos personales y profesionales? ¿A qué quieres dedicar tu tiempo? ¿A qué necesitas darle tu tiempo?

Yo establecí mis prioridades de manera racional y meticulosa de acuerdo con cada estación de mi vida. Cuando me convertí en CEO a los cuarenta, la prioridad estaba en mis objetivos financieros personales. En ese momento de mi vida no me dediqué a buscar una esposa ni a formar una familia; sabía que no podía dividir mi tiempo entre esas responsabilidades y mis metas.

En un verdadero momento de *kairos* encontré al amor de mi vida en el momento adecuado, algo por lo que estoy eternamente agradecido.

Eliminar lo no esencial

Me tomó un tiempo encontrar mi ritmo y pasar de una mentalidad de gerente sénior a la de un CEO eficaz. Mi primer reto fue dejar de acudir a demasiadas reuniones. Estar en todas partes solo ralentizaba las cosas, sofocaba que mi excelente equipo ejecutivo tomara mejores decisiones y los debilitaba.

Aprendí que podía ser más efectivo reduciendo las reuniones y estableciendo un plan operativo claro: visión, estrategia, planes tácticos, planes financieros, estructura de capital, recursos y estructura del equipo. De esa manera, toda la plataforma operativa y el equipo sabrían qué hacer sin que yo estuviera presente.

Los lunes revisábamos el desempeño de la semana anterior. Los martes actualizábamos el avance del año hasta la fecha mientras identificábamos oportunidades y problemas.

Después del martes, trabajaba en los objetivos estratégicos de toda la empresa, en los requisitos principales de los socios o en problemas específicos que necesitaban mi atención directa. No programaba reuniones, pero mis equipos sabían que estaba disponible 24/7 para apoyar, orientar o validar sus acciones. Mi objetivo era crear un sistema de gestión autónomo que impulsara y empoderara a los líderes para que tuvieran motivación propia y se desempeñaran al máximo.

Resultados y disciplina

Este enfoque funcionó de manera excepcional. De 2008 a 2012, en Aurum Holdings / Watches of Switzerland, llevamos las utilidades de seis millones de libras a veinticuatro millones y el valor del negocio se disparó para los accionistas. Lo mejor de todo es que la pasamos increíble, ganando año con año, y haciendo cambios reales en el sector del lujo.

Acordamos protocolos de gestión del tiempo extremadamente disciplinados: la mayoría de las reuniones debía durar treinta minutos o menos, cada correo electrónico o mensaje de voz debía responderse en un plazo de veinticuatro horas (aunque no se resolviera, al menos se debía acusar de recibido). Todas las reuniones tenían una agenda definida y se enfocaban de manera estricta en el tema correspondiente. Nos asegurábamos de terminar cada reunión con las necesidades de todos satisfechas, no solo para cumplir formalidades o complacer a las personas más influyentes.

Teníamos un impulso enorme, así que solo seguimos avanzando. Y como CEO, cuando el negocio tiene impulso necesitas apartarte del camino y ponerte detrás del equipo para reforzar las condiciones que hacen posible el éxito. ¡Inicia la avalancha y luego ponte detrás para empujar más rocas cuesta abajo!

El mejor ejemplo de esto para mí fue Tom Kartsotis, el fundador de Fossil Watch Group. Fossil ya no es la empresa que alguna vez fue, pero durante su época dorada fue extraordinaria. Tom era el emprendedor por excelencia: sabio (muy astuto), valiente (capaz de tomar grandes decisiones para cambiar dinámicas) y justo (siempre equitativo con su gente). ¿Templado? Sí y no. Los resultados durante esos años fueron extraordinarios: ventas de miles de millones, márgenes de ganancia saludables, expansión global y márgenes operativos consistentemente por encima del 15 por ciento. Además, e igual de importante, el equipo se divertía muchísimo todo el tiempo. Eso sí es ganar en los negocios y en la vida, y es algo raro. Tom era el corazón de la empresa e impulsó a un equipo global que amaba lo que hacía, cómo lo hacía y los resultados obtenidos. Tom fue uno en un millón y una persona con la más alta integridad.

Estaciones y sacrificio

El gran presidente Don McCarthy me inspiró a trabajar con más ahínco en lo que, para mí, era la "estación" correcta. Tenía compromisos familiares mínimos y estaba concentrado y comprometido con el negocio. Estaba dispuesto a pagar el precio del éxito durante ese lapso.

Don no era un erudito griego, pero entendía el valor de *chronos* y *kairos*. Era el vendedor minorista más eficiente que uno pudiera conocer: brillante y lúcido, resolvía problemas de formas que otros ni considerarían. En una reunión importante con un socio del sector del lujo, Don "estalló" contra el director principal (mi homólogo) por la asignación de inventario. Fue muy incómodo. Después le pregunté por qué había reaccionado así. Don respondió con calma: "Lo justo no se negocia y teníamos la razón. Tu amigo, Justin, necesita saber quién te respalda y a mí me gusta usar bien mi tiempo con ciertas personas para dejar la impresión adecuada". Ese socio nunca olvidó a Don.

Don también me retó a hacer menos y, a veces, a no hacer nada. "Justin, no hacer nada como CEO en realidad sigue siendo hacer algo. A veces la inacción y dejar que las cosas se desarrollen es más poderoso que intervenir demasiado pronto. Paciencia". En nuestros últimos años juntos, nuestras reuniones de seguimiento se dividían en una cuarta parte tratando temas de negocios y tres cuartas padres hablando de nuestras vidas. Nuestro escenario ya estaba montado y nuestros roles y equipos eran extraordinarios. Él me enseñó a dejar que la organización respirara una vez que las personas y la estructura adecuadas estuvieran en orden. Construye los canales y las presas correctas y el agua fluirá de manera hermosa.

Algunas personas sugerían que yo estaba forzando mucho la situación durante este periodo en Aurum / Watches of Switzerland. No era así. Mi lista de prioridades era distinta a la de la página 187, ya que en ese momento se reducía a cuatro áreas principales: salud y bienestar, trabajo y carrera, familia y amigos cercanos, y tiempo para socializar y divertirme. El trabajo era la prioridad número dos en ese momento porque estaba alineado con mi objetivo a largo plazo: tener más tiempo para pasar con mi familia futura, pues próximamente mis prioridades cambiarían. Por fortuna, todo ha salido acorde al plan.

La conversación del café

Quizá la importancia de organizar tu tiempo apegándote a tus prioridades se ilustre mejor con una conversación que tuve con un gerente intermedio joven y talentoso en 2010. Vino a mi oficina durante "la hora del café con el CEO", momento en el que cualquiera podía ir a verme durante treinta minutos. Me dijo con firmeza:

—Quiero ser como tú. ¿Cómo le hago? ¿Cuál es el plan o el mapa de ruta?

Le pregunté qué quería decir realmente con "ser como yo". Respondió:

—Quiero el poder, la influencia, el dinero y conducir un auto como el tuyo.

—Muy bien. Pero sí sabes que me tomó tiempo llegar hasta aquí, ¿verdad?

—Ah, sí, lo entiendo y estoy dispuesto a hacer lo que sea necesario.

—Perfecto. Entonces, aquí está el plan: nos vemos este sábado desde a las nueve de la mañana hasta más o menos las dos de la tarde. Trae comida. También, libera la mayoría de los fines de semana, al menos tres de cada cuatro, durante los próximos años. Dedica ese tiempo al negocio, conviértete en el mejor y no habrá ninguna duda sobre tu promoción si cumples.

Llegó el sábado... y nunca lo vi. Ni ese día ni ningún otro sábado.

No lo juzgo. Fue una decisión personal. Para mí, pasar diez años en Dallas trabajando para Fossil y luego en Watches of Switzerland invirtiendo la mayoría de mis sábados no fue un sacrificio. Amaba lo que hacía. No era tiempo perdido: era una inversión en mi vida, en mi carrera y en mis objetivos a largo plazo. Estaba dispuesto a sacrificar ese recurso en ese momento para lograr más cosas, con la esperanza de que, más tarde, tendría que sacrificar menos. Quería tener más tiempo cuando pudiera aprovecharlo mejor. Esta fue una decisión y una estrategia personal y no estoy sugiriendo que sea el camino correcto para nadie más; mi enfoque y mis valores estoicos formularon este plan para mis objetivos específicos.

Sabía mis puertos, conocía los vientos que necesitaba y entendía la inversión de tiempo requerida. Entendía cuál era el sacrificio necesario. Estos principios no han cambiado, sin importar los esfuerzos orientados al éxito.

Los estoicos son claros y concisos acerca del tiempo: cómo debemos invertirlo, qué debemos priorizar y cuándo usarlo. Nuestras vidas son cortas y breves en comparación con la incomprensible edad y magnitud del universo. Pero, como decía

Séneca, "No es que tengamos poco tiempo para vivir, sino que desperdiciamos mucho del que tenemos".[1]

Resumen y reflexión

- El tiempo es nuestro recurso más valioso y administrarlo bien es fundamental para los estoicos.

- Estructuro mi vida en torno a una lista clara de prioridades, revisándola y ajustándola con regularidad. Esta disciplina me permite decir un "no" rotundo a las distracciones e invertir una mayor cantidad de tiempo en lo que más me importa para mí. Como CEO, este sistema de gestión del tiempo me permitió pasar de solo estar ocupado a tener un propósito claro.

- Como líder y como persona, tu tiempo es un recurso finito y fugaz. Debes respetarlo e invertirlo con consciencia para lograr metas profesionales, para pasarlo con tus seres queridos y para tener una vida plena.

Capítulo 15

EL PANORAMA GENERAL

JOHN SELLARS

Una mente racional… recorre todo el universo y el vacío que lo rodea; examina su forma, se extiende hacia la inmensidad ilimitada del tiempo, abarca y contempla el renacimiento periódico del Todo, y comprende que quienes vendrán después de nosotros no verán nada nuevo, así como quienes vinieron antes no vieron algo mayor.

Marco Aurelio, *Meditaciones* 11.1

¿Qué significa ser un líder? Entre otras cosas, asumir la responsabilidad total de un proyecto, grupo u organización. Esto requiere distanciarse de los detalles cotidianos para tener una visión más amplia y completa de lo que está sucediendo. Los líderes que intentan controlar cada detalle de una operación rara vez tienen buenos resultados y parte del buen liderazgo es aprender el arte de delegar. La tarea del líder es comprender el panorama general.

Ver desde lo alto

Nadie entendió esto mejor que Marco Aurelio. Como emperador romano, era responsable de gestionar un vasto territorio que abarcaba Europa, el norte de África y Asia Menor. Para comprender la magnitud de lo que se le había encomendado, Marco adoptaba a menudo lo que se ha llamado "ver desde lo alto".[1] Este ejercicio consiste en evitar ver el mundo desde nuestra perspectiva normal, en primera persona, para adoptar una perspectiva en tercera persona de la misma situación, viendo todo desde un punto muy alto.

Considera el siguiente ejemplo. Imagina que tienes una reunión urgente a la que debes llegar, pero estás atrapado en el tráfico. Todas esas personas están frente a ti y *te estorban*. Tú intentas llegar a algún lugar y *ellos son el problema*. La situación es inevitable, frustrante e incluso te hace enojar. Pero ¿qué pasaría si pudieras adoptar una perspectiva ligeramente diferente? Hay tráfico y es hora pico en una ciudad muy concurrida, lo cual es del todo normal y predecible. De hecho, sería poco realista esperar otra cosa. Conforme comienzas a observar la situación desde arriba, puedes ver que tu auto es uno entre cientos, haciendo fila detrás de otro. Tú eres *parte del tráfico* y formas parte del problema al igual que los demás; bloqueas a las personas detrás de ti, así como los autos delante te bloquean. Si amplías aún más la perspectiva, puedes imaginar la misma situación desarrollándose en cada ciudad importante del país, todos los días laborales. Sería absurdo enojarse por algo tan común y predecible como un embotellamiento en hora pico y sería irracional esperar algo diferente.

Marco utilizaba esta técnica para enfrentar las frustraciones y las dificultades cotidianas que se le presentaban cuando era emperador.

> *Observa y contempla las trayectorias de las estrellas como si corrieras con ellas. Mantén tu mente pensando en los cambios de los elementos al combinarse entre sí. Estos pensamientos limpian la suciedad de la vida en la tierra.*
>
> Marco Aurelio, *Meditaciones* 7.47

Al observar los acontecimientos desde esta perspectiva elevada, Marco podía evitar molestarse por los retos y contratiempos de cada día. Y también le ayudaba a no caer en el ego. Ser el gobernante del mundo romano debía de ser el viaje máximo al ego y, en realidad, cualquier puesto de liderazgo conlleva un riesgo similar. Al ver desde lo alto, Marco podía reflexionar sobre el hecho de que las grandes figuras del pasado habían muerto hacía mucho tiempo, que pocas eran aún recordadas, pero que la mayoría fueron olvidadas rápidamente.

> *Cuántos, cuyos elogios resonaron con fuerza,*
> *están ahora entregados al olvido; cuántos que*
> *cantaron sus elogios partieron hace tiempo ya.*
>
> Marco Aurelio, *Meditaciones* 7.6

Esta técnica le permitió a Marco Aurelio mantener su ego bajo control, recordar su propia mortalidad y entender los contratiempos cotidianos desde una perspectiva más amplia, lo que le ayudaba a evitar la ira y la frustración. Pero también le permitió ver algo más.

Interconexión

Uno de los temas centrales y un gran descubrimiento en las *Meditaciones* de Marco Aurelio es la idea de que la naturaleza es una unidad única e interdependiente de la que todos formamos parte.

Todas las cosas están entretejidas y su vínculo común es sagrado; nada resulta ajeno al todo, pues todo ha sido dispuesto en conjunto y el conjunto forma el mismo cosmos.

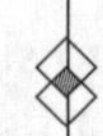

Marco Aurelio, *Meditaciones* 7.9

Esta era una idea estoica común que se remonta a los primeros estoicos en Atenas. Ellos veían la naturaleza como una sola entidad orgánica —un ser vivo— gobernada por la razón. Insistían en que dentro de ella había un orden y una estructura que no dependían del azar. El hecho de que la ciencia sea posible se debe, precisamente, a que existe un orden y patrones en la naturaleza que nos permiten modelarla y predecir lo que ocurrirá después. Estos temas son menos relevantes para el contenido de este libro, pero la idea de que la naturaleza es una unidad integrada era especialmente importante para Marco. Solía repetirla en las *Meditaciones*.

Soy parte del Todo gobernado por la Naturaleza... Estoy vinculado, de alguna manera, a quienes son de la misma especie que yo...

Marco Aurelio, *Meditaciones* 10.6

Podemos extraer varias ideas clave de esto:

- Cada uno de nosotros es parte de algo más grande que nosotros mismos.
- Nuestros intereses están alineados con los intereses del todo.
- Cualquier evento que beneficie al todo debe recibirse como un beneficio para nosotros.
- Todos los que formamos parte de ese todo deberíamos trabajar juntos por su beneficio, que es el bien común.
- Luchar contra otras partes de ese todo va en última instancia contra el bien común y contra nuestro propio interés.

Existen razones importantes para vernos como partes de un todo más amplio. Nuestro bienestar e incluso nuestra propia supervivencia dependen del bienestar de la naturaleza. Como partes de la naturaleza, dependemos completamente de ella para obtener alimento, agua, oxígeno y todo lo que necesitamos para poder vivir. En consecuencia, nos conviene reconocernos como partes integradas de la naturaleza y cuidarla lo mejor posible: ser conscientes del medioambiente, cuidar los recursos naturales, ser consumidores y productores responsables. No adoptar esta visión podría resultar fatal para nosotros y para las generaciones futuras.

Vernos como partes del universo o de la naturaleza en su totalidad es la perspectiva más amplia que podemos adoptar. También podemos vernos como partes de una amplia variedad de otras entidades: partes de una única comunidad global de seres humanos que trabajan juntos; de ciudadanos del país en el que vivimos; de colegas dentro de una empresa que trabajan hacia un objetivo común, y así sucesivamente. En cada caso, al reconocernos como partes, podemos sentirnos más motivados para contribuir al bien común, lo cual beneficia no solo al conjunto, sino también a todas las partes, incluyéndonos a nosotros mismos.

Todo cambia

Al ver desde lo alto, Marco Aurelio no solo observaba la interconexión de la naturaleza, sino también que esta nunca se detiene, ni siquiera por un momento. El mundo está en un cambio constante, la vida es un proceso, las cosas están continuamente creciendo pero también muriendo. La vida y la muerte, el nacimiento y la destrucción, el ciclo de las estaciones... esto es lo que observamos al alejarnos y contemplar el mundo desde una perspectiva más elevada.

> *Hay una especie de río de cosas que van entrando en la existencia y el tiempo es un torrente impetuoso. Apenas aparece algo, es arrastrado y otra cosa viene detrás, y esa también será arrastrada.*
>
> Marco Aurelio, *Meditaciones* 4.43

Marco utilizaba esta perspectiva del mundo para gestionar sus emociones cuando se enfrentaba al cambio y la pérdida en su propia vida. Cada vez que algo nace, se decía a sí mismo, algo más debe morir para hacerle espacio. Si los recursos van a destinarse a un nuevo proyecto, inevitablemente no podrán usarse en otro lugar. La naturaleza es un juego de suma cero. Para poder ver esto —para tener una noción del desarrollo a gran escala de algo y de cómo el crecimiento en un área puede implicar o incluso requerir el declive en otra— es necesario ver desde lo alto. La lección que Marco extrae de esto es que nada está destinado a durar para siempre. Ningún ser vivo puede escapar a su disolución final y lo mismo aplica a todo lo demás: familias, empresas, países. Ni siquiera el Imperio romano pudo escapar al final natural de su propia vida.

Estoicismo para las organizaciones

Marco Aurelio observaba un panorama realmente amplio: la naturaleza en su totalidad y el significado de la vida y la muerte. Sin embargo, "ver desde lo alto" puede aplicarse a una variedad de contextos, desde pequeñas empresas hasta grandes corporaciones. Tomando en cuenta sus ideas, podemos decir lo siguiente:

- Cualquier organización puede verse como una entidad orgánica en la que todas las partes contribuyen al éxito del conjunto.

- Todas las partes "cumplen una función" y aportan algo útil. Ninguna es más importante que otra. El CEO y el guardia de seguridad de la entrada tienen trabajos que realizar y ambos contribuyen.

- A veces, algunas partes de la organización que ya no cumplen una función útil deben dejarla para que sobreviva. Aunque sea difícil para quienes están involucrados, el panorama general siempre orientará para hacer lo mejor para la organización, no solo para un miembro individual, incluido el CEO.

- Cualquiera que anteponga su propio interés al éxito de la organización no ha entendido que su propio florecimiento depende del éxito del conjunto.

- Nada dura para siempre, ni siquiera las grandes corporaciones. La mayoría de las empresas cierran en algún momento. Pocas sobreviven a múltiples generaciones y las que perduran suelen pasar por transformaciones drásticas para continuar. El entorno físico, social y económico en el que vivimos cambia constantemente; por ello, debemos prepararnos para cambiar con él. Adaptarse y morir son dos formas de cambio.

Capítulo 16

UNA VISIÓN ESTRATÉGICA DESDE LO ALTO

JUSTIN STEAD

¡Qué diminuto fragmento del tiempo ilimitado y abismal le ha sido concedido a cada hombre! ... ¡Y sobre qué rincón tan pequeño de la Tierra se mueve!

Marco Aurelio, *Meditaciones* 12.32

En el CEO recae la máxima responsabilidad en todos los negocios. Cuando las cosas van bien, el CEO es celebrado. Cuando no, la crítica llega rápido, de manera directa y, a veces, sumamente personal. Muchos aspiran a este cargo por la visibilidad, la influencia y las recompensas financieras. Sin embargo, como estoico, he llegado a entender que todas esas cosas son "indiferentes", pues son externas y no definen ni sostienen una vida valiosa cuando se observa desde la ciudadela interior.

Cuando me convertí en CEO, descubrí una verdad asombrosa: los reconocimientos externos son fugaces, pero la presión interna perdura. El peso de las decisiones estratégicas, la influencia cultural y las consecuencias operativas se hicieron evidentes de inmediato. Sin disciplina, el ruido de las operaciones diarias podía desviar con rapidez la visión estratégica por la que se me había contratado.

En esos primeros meses, cometí el error de actuar como si estuviera en un puesto operativo sénior y no en el de un ejecutivo estratégico. Intentaba realizar todas las funciones —mercadotecnia, finanzas, logística—, a pesar de tener socios muy capaces en el equipo de directivos. Mi liderazgo se veía truncado por mi instinto de controlar en lugar de confiar y dirigir.

El cambio estoico: dirigir estratégicamente

Dos importantes ajustes estoicos cambiaron el rumbo de mi liderazgo:

---

1. Dejar que la naturaleza siguiera su curso, a través de una estrategia clara y creíble. Mi función era asegurar que la estrategia fuera la correcta, que los demás creyeran en ella y que pudiera repetirse. Después tenía que ejecutarla de manera constante, sin involucrarme en funciones operativas que correspondían a otros.

2. Estar en las conversaciones adecuadas, no en todas las conversaciones. Tuve que superar el impulso de buscar la validación inmediata y orientarme hacia la generación de valor a largo plazo. Mi trabajo no era estar en todas partes, sino en cada lugar con un propósito: eliminar obstáculos, reasignar recursos y reforzar la claridad de la misión.

El catalizador más poderoso de esta transformación fue el principio estoico de "ver desde lo alto" (véase el capítulo 15).

Ver desde lo alto: parte esencial del liderazgo estoico

Los estoicos enseñaban que, si te colocabas mentalmente por encima de las preocupaciones inmediatas y veías la vida desde un punto de vista más alto, obtenías claridad, control emocional y una calma filosófica. Marco Aurelio solía imaginar que observaba su vida desde las estrellas, reduciendo así los problemas a su verdadera escala. Como CEO, esta se convirtió en una práctica indispensable.

CASO DE ESTUDIO 1: NEGOCIACIONES CON MARCAS DE LUJO (2007)

En 2007 asumí la dirección de una empresa británica de lujo muy respetada pero en declive. Tenía un gran legado y ejecutivos inteligentes, pero carecía de un motor estratégico, una interacción coherente con el cliente y verdaderas alianzas con las marcas asociadas. Nuestra meta era transformarla en cinco años.

Una de las acciones más radicales que hice al inicio fue renegociar los términos con casi todos los socios de marcas de lujo en un periodo de treinta a sesenta días. Fue una medida audaz y necesaria, pero también polémica, como lo descubrí rápidamente. El viernes posterior al envío simultáneo de nuestros nuevos términos y cartas de propuesta a todos los socios, mi teléfono estalló con mensajes hostiles que venían desde Londres hasta Ginebra y París. Las acusaciones volaban sin detenerse: "Estás cruzando los límites", "¿Quién te crees?" Algunos incluso sugirieron que renunciara.

Así que hice lo que el estoicismo me había entrenado a hacer: no reaccioné. En cambio, el fin de semana después de que iniciaran las negociaciones con toda la base de socios, volé a Inverness y caminé hacia las Tierras Altas de Escocia, apagué mis notificaciones y, de manera metafórica, viajé a la luna. Desde esta "vista desde lo alto", vi los egos lastimados, la turbulencia, el descontento que estaba generando, el posible impacto sobre mí y mi puesto, pero también la necesidad a largo plazo para el negocio. La opción fácil habría sido abandonar las negociaciones, pero la opción correcta era perseverar. Dejé que la emoción pasara a través de mí, adopté una posición firme y me preparé para responder con calma y estrategia la siguiente semana.

No dejé que me movieran. Con el tiempo, reconstruí las alianzas en mejores términos. Entre 2008 y 2014, las utilidades se cuadruplicaron. Todos ganaron, pero solo porque dirigí desde *arriba*, no desde *dentro* de la tormenta.

CASO DE ESTUDIO 2: DESPIDOS MASIVOS: EQUILIBRAR EL DEBER CON LA HUMANIDAD (2007 Y 2020)

Pocas situaciones ponen a prueba el carácter de un líder como despedir empleados. Me enfrenté a esto durante la crisis financiera de 2007 y, de nuevo, con la pandemia de covid en 2020. No se trataba de "ajustes de personal" abstractos; eran vidas humanas. Familias. Reputaciones. Futuros. Durante estas crisis, "ver desde lo alto" se convirtió en mi tabla de salvación. Me ayudó a no a suprimir mis sentimientos, sino actuar con claridad y compostura. Me recordó que el liderazgo es servicio, no popularidad. Me apoyé en las cuatro virtudes estoicas para guiar mis decisiones:

- **Justicia.** Encabecé personalmente la comunicación, sin eufemismos. Dije la verdad y la transmití con respeto. Fue un proceso justo, di una justificación clara y mantuve total integridad en la ejecución.

- **Sabiduría.** Vi las implicaciones generales. Salvar el negocio significaba salvar cientos de empleos futuros. El dolor temporal, aunque profundo, era inevitable para la preservación a largo plazo.

- **Valentía.** Sentí ansiedad y culpa, pero me mantuve firme. Enfrenté al equipo y transmití el mensaje sin arrogancia, pero con temple.
- **Templanza.** No solo cumplimos con las obligaciones legales, sino también actuamos de manera generosa. Las indemnizaciones, la reubicación y el apoyo no fueron simples partidas presupuestales: fueron decisiones de liderazgo.

Visualizando la perspectiva: un modelo de crecimiento para líderes

Para "ver desde lo alto", considera este modelo por capas:

"Mientras más alto asciendas,
verás con mayor claridad".

PERSPECTIVA CÓSMICA

"¿Qué es lo que realmente importa?". Claridad estoica:
Legado, virtud, deber.

↑

CAPA DE IMPACTO SOCIAL

Accionistas | Economía | Industria | Ética de la marca

↑

VISIÓN ORGANIZACIONAL: PENSAMIENTO SISTÉMICO

Estrategia a largo plazo | Misión

Viabilidad financiera | Cultura

↑

CAPA HUMANA: INDIVIDUOS Y EQUIPOS

Bienestar de los empleados | Moral del equipo

Historias personales | Emociones

↑

NIVEL CERO: ÁNIMO DEL CEO

Estrés | Culpa | Presión | Urgencia | Ruido externo

Liderar desde lo alto

"Ver desde lo alto" no es desapegarse, sino discernir. Le permite al CEO dirigir sin sentirse abrumado, actuar con integridad cuando está bajo presión y perseguir el bien a largo plazo incluso si el dolor a corto plazo es inmenso. Ya sea en las negociaciones con los socios globales o mostrando liderazgo durante los despidos, la capacidad de colocarse por encima de la emoción inmediata y ver el panorama completo ha sido mi mayor ventaja, no solo como líder, sino como ser humano. Esta lente estoica me ha mantenido firme, ético y, finalmente, efectivo. Cuando lideras desde esta perspectiva, lideras con principios.

Resumen y reflexión

- Como CEO, tu objetivo no es estar en todas partes, sino en cada lugar donde cumplas un propósito. Tu responsabilidad es establecer una estrategia general clara y construir una cultura sólida, no supervisar ni intervenir en cada función operativa.

- Cuando te enfrentes a una decisión difícil, intenta "ver desde lo alto" para ganar claridad y perspectiva. Colocarte por encima del ruido inmediato te ayudará a apreciar en su totalidad los efectos de tus acciones en las personas involucradas, a corto y largo plazos.

- Dirigir con una visión "desde lo alto" me ayudó a aprender cuándo involucrarme, cuándo delegar, cuándo dar un paso atrás y cuándo mantenerme firme. Esto me ancló en las cuatro virtudes cardinales –justicia, sabiduría, valentía y templanza– para que incluso las decisiones dolorosas pudieran ejecutarse con equidad y humanidad.

- Liderar desde lo alto es mantenerse firme en la crisis, actuar con principios bajo presión y estar comprometido con el bienestar a largo plazo por encima de la comodidad a corto plazo.

Capítulo 17

PASOS A SEGUIR

JOHN SELLARS

No sigas hablando de lo que significa ser un hombre bueno; sé uno.

Marco Aurelio, *Meditaciones* 10.16

A lo largo de este libro, hemos hablado de la importancia de desarrollar el carácter y cultivar las virtudes de justicia, templanza, valentía y sabiduría. ¿Qué significa esto en la práctica? Decir que alguien es "justo" o "equitativo" es simplemente decir que en su día a día se comporta de forma ecuánime y que ha desarrollado el hábito de tomar decisiones basadas en sus valores. Cualquiera puede actuar con moderación o valentía en determinados momentos, pero el reto es convertir esto en un hábito profundamente arraigado, de modo que actúes de manera moderada y valiente de forma *constante*.

Epicteto: sobre los hábitos

¿Cómo desarrollamos buenos hábitos? Los hábitos son tan solo la consecuencia de actuar de cierta manera. Si quieres desarrollar el hábito de leer, lee. Si quieres desarrollar el hábito de correr, corre.[1] No hay otra manera de hacerlo. De la misma forma, si tienes un hábito que quieres romper, simplemente necesitas hacer lo contrario. Eso podría significar un periodo de evasión total, incluso si la meta es llegar a un punto medio moderado. Por ejemplo, alguien que quiera reducir su consumo de alcohol podría tener dificultades si solo decide beber un poco menos. Solo una ruptura completa con la bebida ayudará a romper el hábito. Sin embargo, romper el hábito —a menos que sea una adicción grave—no significa abstinencia para siempre. Epicteto llama a esto desarrollar "hábitos contrarios".

> *¿Qué remedio existe para dejar un hábito? El hábito contrario... contrarresta un hábito estableciendo uno nuevo.*
>
> Epicteto, *Disertaciones* 1.27.4-6

El tipo de entrenamiento al que Epicteto se refiere tiene menos que ver con la alimentación, la bebida o el ejercicio, y más con la forma en que pensamos. Su preocupación son los patrones negativos de pensamiento que desarrollamos, como catastrofizar cada vez que algo sale mal, enojarnos con otras personas o suponer que nuestros planes siempre saldrán como queremos. El hábito más peligroso que todos tenemos es juzgar de forma anticipada. Como hemos visto, es importante tomar un momento antes de decidir o emitir un juicio sobre cualquier situación para evitar sacar conclusiones equivocadas. Por ello, el primer y más importante hábito que debemos cultivar es el de desacelerar nuestro proceso de pensamiento, tomarnos tiempo antes de actuar y crear las condiciones para tomar decisiones calmadas y deliberadas. No podemos gobernar algo con eficacia si no podemos gobernar nuestra propia mente.

Círculos virtuosos y viciosos

Los hábitos se forman a partir de las acciones. Cada acción contribuye de alguna manera. Por ejemplo, si alguien quiere desarrollar el hábito de hacer ejercicio todos los días, cada vez que lo logra se acerca más a ello. Si lo hace una vez, estará más inclinado a hacerlo de nuevo y después de unas cuantas veces, el nuevo hábito tiene el potencial de consolidarse. De hecho, esa es la *única manera* en que puede desarrollarse un hábito nuevo. Bastan unos cuantos días buenos para comenzar a alimentar un círculo virtuoso, en el que cada éxito refuerza el siguiente.

De la misma manera, cada vez que no lo hace contribuye de manera negativa y es muy fácil caer en un círculo vicioso. Epicteto dice que todas las acciones son buenas o malas en dos sentidos:

- Una acción buena es benéfica por sí misma, pero tiene la ventaja adicional de contribuir a un buen hábito.
- Una acción mala es perjudicial por sí misma, pero trae consigo el peligro adicional de alimentar un mal hábito.[2]

En otras palabras, los riesgos y las recompensas de una acción son mucho mayores de lo que podríamos pensar. Epicteto afirma que, debido a esto, necesitamos mantenernos atentos en todo momento: en guardia contra nuestra propia mente y contra los pequeños deslices que podamos cometer, deslices que pueden alimentar y generar hábitos peligrosos. Como hemos visto, lo más importante es prestar atención a nuestros juicios. Cada vez que no lo hacemos, advierte Epicteto, no solo cometemos un error, sino que también contribuimos a formar un hábito.[3] El maestro de Epicteto, Musonio Rufo, dijo una vez: "relajar la atención es perderla".[4] ¡Las apuestas son altas! Sin embargo, la contraparte positiva de esto es que cada pequeña victoria trae consigo el beneficio de contribuir a un buen hábito, que puede convertirse en un verdadero progreso con rapidez.

Evitar malas influencias

En la práctica, la vida es mucho más complicada de lo que sugiere este esquema sencillo, porque estamos constantemente rodeados de influencias externas que, con frecuencia, moldean la manera de pensar y actuar. A menudo adoptamos los hábitos de las personas que nos rodean sin siquiera notarlo. Si estamos seguros de nuestras propias creencias y hábitos, esto representa un problema menor, pero si estamos tratando de desarrollar nuevos hábitos y liberarnos de los que no nos ayudan, el desafío se vuelve mayor.

Epicteto también reflexionó sobre esto. Uno de los consejos clave que les dio a sus estudiantes fue ser muy cuidadosos al elegir con quién pasar su tiempo. Como él mismo decía: "Si pasas tiempo con personas llenas de inmundicia, es probable que termines ensuciándote".[5]

Imagina el siguiente escenario. Dos viejos amigos disfrutan reunirse con regularidad para tomar unos tragos. Uno de ellos ha decidido, por razones de salud, reducir su consumo de alcohol; de hecho, su médico le ha aconsejado dejarlo por completo, al menos por un tiempo. El otro amigo no tiene esas preocupaciones y está contento de continuar como antes, con la firme creencia de que una buena bebida le ayuda a relajarse después de un día largo. Cuando se vuelven a ver, uno mantiene un hábito firme y arraigado en torno al placer de beber, mientras que el otro está tratando de desarrollar un hábito nuevo y aún muy poco arraigado de no beber. ¿Cuál de los dos es más probable que influya al otro? Epicteto sugiere que el nuevo hábito, el más débil, tiene muchas más probabilidades de verse abrumado por el hábito existente, más fuerte, que a la inversa.

Así que, si estás tratando de romper un mal hábito, lo primero que debes hacer es evitar a las personas que lo comparten. Eso puede ser difícil e incluso puede implicar cortar algunas relaciones. Asimismo, si estás tratando de desarrollar un buen hábito, una excelente estrategia puede ser pasar tiempo con las personas que ya encarnan las cualidades y habilidades que deseas desarrollar. Elige bien a tu compañía.

Todo esto aplica para alguien que se encuentra en las primeras etapas de cambiar de hábitos. La meta, por supuesto, es que las nuevas costumbres queden por completo arraigadas, de modo que tengas la confianza de que actuarás conforme a ellas sin importar la situación. El mensaje es que debemos ser especialmente cautelosos cuando estamos intentando cambiar, recordando que el resultado será tener una mayor seguridad y la confianza de hacer lo correcto, sin importar con quién nos encontremos en el futuro.

Consistencia

Desarrollar los hábitos correctos es la única manera de formar carácter. Un buen carácter es aquel que actúa bien de manera *constante*. Esta idea de consistencia es esencial en el pensamiento estoico y tiene varias dimensiones:[6]

- Tener un conjunto consistente de creencias y valores que funcionen en armonía, sin jalar en direcciones contradictorias.
- Mantener consistencia entre lo que uno dice y lo que uno hace.
- Actuar de forma consistente a lo largo del tiempo, con los beneficios adicionales de ser estable, constante y digno de confianza.

Tendemos a admirar a las personas que no están en conflicto interno, que hacen lo que dicen y en quienes se puede confiar. La inconsistencia y la imprevisibilidad no son rasgos de carácter deseables.

Para los estoicos, la clave de todo esto es ser *racional*. La meta es tener un conjunto de creencias racionales que, precisamente por serlo, se acoplen sin contradicción. Al esperar un momento antes de emitir un juicio, evitamos actuar de forma irracional y tomamos decisiones cuidadosas y bien pensadas. Esto nos permite actuar en armonía con nuestras creencias y valores, en lugar de dejarnos arrastrar por influencias externas o reacciones impulsivas. Si podemos convertir esto en un hábito, desarrollaremos consistencia con el tiempo. Las personas llegarán a saber quiénes somos y cómo nos comportamos, lo cual les transmitirá tranquilidad y confianza.

Capítulo 18

LA DISCIPLINA ESTOICA DIARIA

JUSTIN STEAD

Elige, en cada momento y con determinación, hacer lo que esté en tus manos. Hazlo con dignidad y con humanidad, independencia y justicia. Permite que tu mente se libere de todas las demás consideraciones. Puedes lograrlo si abordas cada acción como si fuera la última, dejando de lado el deseo de impresionar a otros, obtener admiración y el descontento hacia tu destino. Mira cuán poco necesita dominar el ser humano para que sus días transcurran en quietud y piedad: solo debe atender estos pocos consejos y los dioses no pedirán nada más.

Marco Aurelio, *Meditaciones* 2.5

Disciplina estoica diaria: cómo desarrollar tu "ciudadela interior"

Durante muchos años, en entornos empresariales y más allá en todo el mundo, he hablado, dado conferencias, debatido y discutido sobre el estoicismo con audiencias increíblemente diversas de todas las religiones, etnias, géneros y grupos de edad. En general, todos aceptan la idea de que el estoicismo es una fuerza que actúa para el bien. Sin embargo, siempre hay un debate saludable sobre los temas relacionados con el estoicismo y muestro apertura a ello porque, como cualquier filosofía para una buena vida, el estoicismo debe ser puesto a prueba generación tras generación para evaluar su relevancia y validez.

Hace poco, en un seminario organizado por la Fundación Aurelius en la Universidad de Oxford, me cuestionaron sobre el beneficio del estoicismo para una familia que debe enfrentar el alto costo de vida en el Este de Londres, donde el hambre es un problema real. Otra persona cuestionó cómo podía ayudarla el estoicismo, pues había sido despedida en repetidas ocasiones y luchaba para obtener un empleo estable. Alguien más me preguntó cómo puede ayudar el estoicismo a los jóvenes adictos a sus teléfonos que están perdiendo todo sentido de la realidad. Todos estos son problemas reales del mundo actual y son serios para las personas involucradas.

Mi respuesta a estos desafíos no es practicar el estoicismo en minúsculas —limitarse a mostrar una mueca rígida en el labio superior— esperando que desaparezcan los problemas. El estoicismo que practico no evade el problema ni pretende que se esfume. Al contrario, ayuda a las personas, sea cual sea la circunstancia que atraviesan, a ponerse al día y subirse al ring. Les brinda un sistema para enfrentar sus problemas de manera profunda y sistemática, utilizando el conjunto completo de herramientas estoicas.

La sensación de hambre no se curará con estoicismo. Sin embargo, gestionar la ingesta de alimentos, entender el racionamiento y buscar apoyo puede abordarse mejor con una mentalidad estoica. El problema no desaparece, pero la manera como lo enfrentamos cambia. Lo mismo se puede decir del desempleo. Perder un trabajo —sobre todo si es de manera repetida— puede sacudir tu sentido de identidad y tu autoestima profundamente. Puede sentirse como si el mundo te hubiera señalado de manera injusta, dejándote sin rumbo ni dignidad. El estoicismo no te regresa tu empleo por arte de magia, pero sí te ofrece un marco para navegar esta dolorosa realidad y encontrar trabajo nuevamente.

Cuando hablo con personas que experimentan estas dificultades, enfatizo que es fundamental enfocarse en lo que está dentro de nuestro control y utilizar una visión estratégica superior. No puedes controlar las decisiones de contratación de otros ni el entorno macroeconómico, pero puedes controlar cómo te preparas cada día, cómo te presentas en las entrevistas, cómo sigues desarrollando tus habilidades y cómo mantienes tu integridad personal.

El estoicismo nos recuerda que nuestro verdadero valor no se define por nuestro trabajo actual ni por el saldo de nuestra cuenta bancaria. Se mide por nuestro carácter: nuestra valentía para seguir avanzando, nuestra capacidad de mantenernos justos y equitativos —incluso cuando algo nos decepciona—, el compromiso con la templanza cuando el miedo nos tienta a actuar desesperadamente y la sabiduría para ver los contratiempos como parte de la vida.

La mentalidad estoica nos permite convertir incluso los periodos de extrema dificultad en momentos de aprendizaje y fortalecimiento. Así, cada problema se vuelve una oportunidad para afinar nuestra "ciudadela interior", de modo que, cuando surja el próximo desafío, lo enfrentemos no desde la derrota, sino desde la resiliencia y el autoconocimiento.

El proceso por encima de todo

Después de casi todas mis conferencias, usualmente me preguntan lo mismo: "¿Cómo le haces para vivir como un estoico?". En otras palabras, qué cosas diarias hago para mantener una mentalidad estoica a través de mis distintos roles y experiencias cotidianas: como hombre, esposo, padre, hijo, hermano, amigo, presidente del consejo, inversionista, tenista, etcétera.

En todo lo que se quiere lograr, el resultado es importante, pero lo es aún más el proceso. Todos hemos escuchado este lugar común del deporte: el éxito depende del trabajo diario, el entrenamiento y el esfuerzo que permiten a una persona desempeñarse de manera consistente con el tiempo y generar oportunidades de éxito.

Roger Federer escribió con gran elocuencia que su porcentaje de victorias es más bajo de lo que la gente cree. Mi gran amigo Pat Cash, quien levantó el trofeo de Wimbledon en 1987, también explicó de manera brillante el largo camino de preparación que lo condujo a ese momento decisivo. Lo mismo ocurre, en mi experiencia, al dirigir grandes empresas: el proceso diario es el que pavimenta el camino hacia el éxito. Más allá de mi vida profesional existe un conjunto personal de acciones diarias que funcionan para mí y que me ayudan a desarrollar mi "mejor proceso" y permanecer en mi "yo sereno". Estas no solo sirven para tener éxito en los negocios, sino también para fortalecer mi carácter en todos mis roles e interacciones cotidianas.

Mis prácticas estoicas diarias

Este es mi proceso diario. No lo comparto a manera de prescripción, sino como un ejemplo de lo que funciona para mí:

- **5:45 a. m.** Levantarme temprano para empezar el día con proactividad.
- **Meditación (30 minutos).** Cultivar la atención plena y la claridad.
- **Lectura de Marco Aurelio (5 minutos).** Interiorizar la sabiduría estoica.
- **Caminata de tres kilómetros con mis perros.** Conectar con la naturaleza y reflexionar.
- **Ejercicio físico (30-45 minutos).** Fortalecer el cuerpo y la mente.

- **Inmersión en agua fría (10 minutos).** Aceptar la incomodidad para desarrollar resiliencia.
- **Bebida de limón con agua caliente.** Nutrirme de manera simple para comenzar el día.
- **Ayuno intermitente (16-18 horas).** Fomentar un consumo disciplinado.
- **Reflexión al mediodía (5 minutos).** Evaluar mi alineación con mis virtudes.
- **Diario vespertino.** Reflexionar sobre las acciones y el crecimiento.
- **Lectura de Séneca antes de dormir.** Terminar el día recordando ideas filosóficas.
- **Filtro de virtudes.** Evaluar continuamente mis acciones desde la perspectiva de la sabiduría, la justicia, la valentía y la templanza.
- **Desconexión de redes sociales personales.** Mantener el enfoque y la claridad mental.

Un sistema único para ti

Es importante decir que estas prácticas funcionan para mí, pero no sugiero que vayan a funcionar de la misma manera para ti o para cualquier otra persona. A lo largo de muchos años, las he cambiado y ajustado para construir una estructura estoica que pueda seguir todos los días; he trabajado en mi fuente de fortaleza personal y armonía, en la que me apoyo para cada situación. Trabajamos en nuestra condición física, en nuestras carreras, en nuestras relaciones, pero ¿trabajamos cada día en desarrollar carácter, resiliencia profunda y serenidad?

No puedo controlar a todas las personas, situaciones, problemas u oportunidades que aparecen en mi vida, pero sí puedo cultivar un sistema a diario para construir un escudo estoico de independencia, optimismo y serenidad, sin importar lo que suceda.

Mi sistema funciona para mí. El tuyo será distinto y único para ti; sin duda alguna, construir un sistema para gestionar tu vida es fundamental. Mi proceso diario, profundamente arraigado en el estoicismo, ha sido la base de mi vida personal y profesional.

Por qué la disciplina importa en el liderazgo

¿Qué es lo que más desean las personas de los líderes que eligen? En mi experiencia trabajando con profesionales excepcionales, dos cosas: la consistencia y la capacidad de mantener la calma bajo presión. Marco Aurelio habla a menudo de la consistencia del carácter en *Meditaciones* y sigue siendo uno de mis principios estoicos favoritos.

El proceso estoico diario: cómo construir tu ciudadela interior

LA CIUDADELA INTERIOR

Calma | Claridad | Fortaleza | Resiliencia

(Resultado principal)

↑

FILTRO DIARIO DE LAS VIRTUDES

Sabiduría | Justicia | Valentía | Templanza

(Preguntas orientadoras a lo largo del día)

↑

DISCIPLINAS DIARIAS FUNDAMENTALES

- 5:45 a. m.: levantarse
- Meditar (30 minutos)
- Leer a Marco Aurelio
- Caminar unos tres kilómetros en la naturaleza
- Ejercitarse
- Sumergirse en agua fría
- Practicar ayuno intermitente
- Reflexionar al mediodía
- Escribir por la tarde en el diario
- Leer a Séneca antes de dormir
- Desconectarse de redes sociales

↑

ELECCIONES SOBRE EL ENTORNO PERSONAL

- Simplicidad
- Consumo consciente
- Espacios libres de distracciones

Cada capa refuerza a la siguiente y todas integran una identidad cotidiana resiliente, virtuosa y adaptable.

Tus disciplinas no son solo hábitos, sino los ladrillos y el mortero fundamentales de tu ciudadela interior. Cada capa fortalece tu mente y tu carácter, dándote la fuerza para afrontar los desafíos de la vida con dignidad y entereza.

La vida no está hecha para ser fácil: proceso para forjar el carácter

Marco lo expresa a la perfección en *Meditaciones* 2.5, la cita con la que abrí este capítulo y a la que vuelvo constantemente. Percibo en ella las grandes prácticas que debió trabajar a diario para prepararse para sus muchos roles: emperador, esposo, padre, hermano y amigo. Mi proceso no busca la rigidez ni la autonegación. Se trata de libertad. Libertad para responder, no para reaccionar. Libertad para mantener la estabilidad en medio de las tormentas. Libertad para actuar desde los principios, no desde el impulso.

Te animo a construir tu propio sistema, tu propio camino hacia tu ciudadela interior. Recuerda: el viaje es solo tuyo.

Resumen y reflexión

- Vivir como un estoico no es una filosofía abstracta, sino una disciplina diaria.
- Favorezco la disciplina siguiendo un sistema de prácticas cotidianas que incluyen ejercicio, meditación y lectura de obras estoicas. Tus prácticas pueden ser muy distintas de las mías, pues la forma del sistema no es lo importante, siempre y cuando cultive la disciplina que te acerque a los principios estoicos.
- La disciplina suele malinterpretarse como rigidez, pero yo la veo como un camino hacia la libertad. La verdadera libertad no se encuentra en la comodidad o en la indulgencia, sino en la fortaleza constante para responder con principios en lugar de reaccionar por impulso.
- Las prácticas estoicas diarias no buscan la perfección inmediata, sino construir una ciudadela interior ladrillo por ladrillo: un lugar de calma y claridad que te sostenga en momentos volátiles o inciertos.
- El estoicismo no hará que los desafíos de tu vida desaparezcan por arte de magia, pero sí te dará un conjunto de herramientas para afrontarlos con mayor claridad, dignidad y fortaleza.

Capítulo 19

REFLEXIONES FINALES

JUSTIN STEAD

Ganarás el respeto de todos si comienzas a respetarte a ti mismo.

Musonio Rufo, fr. 30

La idea original de la Fundación Aurelius se nos ocurrió a mi esposa Natalia y a mí en mi cumpleaños cincuenta. Queríamos crear una empresa y una organización benéfica a la que pudiéramos dedicar tiempo, recursos y energía durante un periodo prolongado: en concreto, al menos veinticinco años, hasta que yo cumpliera setenta y cinco, si logro vivir tanto. Dar dinero es fácil, pero dar tiempo es mucho más difícil. Y si vas a dar ambos, la causa debe ser algo con lo que estés —y permanezcas— en verdad comprometido.

Tenemos tres hijas hermosas, así que era importante que, con el tiempo, la Fundación Aurelius pudiera volverse significativa para ellas también. Cada mañana, cuando llevo a mis hijas a la escuela, ellas me leen un pasaje de las *Meditaciones*. Aunque aún no comprenden del todo los pensamientos divagantes de Marco Aurelio sobre la vida y el cosmos, ellas están comenzando su camino estoico como seres humanos dentro de un marco filosófico en el que sus padres creen profundamente.

El estoicismo no es una religión, sino un sistema integral de gestión de vida cuyo objetivo es ayudar y permitir que los seres humanos florezcan, sin importar sus circunstancias. Desde Zenón, el empresario arruinado que fundó el estoicismo, hasta el esclavo más humilde, como Epicteto, y hasta la más alta nobleza de Marco Aurelio como emperador romano, todos tienen sus problemas, desafíos y oportunidades. La clave es vivir tu vida de manera plena y enfrentar todas las situaciones con la actitud y el enfoque adecuados mientras atraviesas las incontables circunstancias de tu propio universo.

Durante mi etapa como estudiante de estudiante de filosofía en la universidad y más tarde como explorador errante del mundo —viajando con nada más que un par de raquetas de tenis—, sentí una profunda curiosidad por responder una pregunta central: *¿cómo se vive bien?*

Después de viajar mucho, incluyendo una temporada en el sur de Japón para explorar templos budistas y zen, seguía regresando al estoicismo, sobre todo por su cultivo del pensamiento profundo y su enfoque pragmático y orientado a la acción para abordar los problemas de la vida y generar un estado fuerte de bienestar y satisfacción. Llegué a darme cuenta de que la monumental inscripción de Rudyard Kipling en la entrada de la Pista Central de Wimbledon es acertada:

> *Si puedes encontrarte con el Triunfo y el Desastre*
> *y tratar a esos dos impostores por igual.*
>
> Rudyard Kipling, *Si...*

Durante mucho tiempo solo veía el lado ganador de cualquier situación como la respuesta y el objetivo. Qué equivocado estaba.

Estoicismo, por favor, ¡encuéntrame antes!

Uno de los objetivos principales de la Fundación Aurelius es acercar el estoicismo a las audiencias más jóvenes lo antes posible. De forma común, y quizá desafortunada, la mayoría de las personas llega al estoicismo solo después de haber sufrido una tragedia personal o cuando sienten que su vida se ha descarrilado. Necesitan respuestas, recuperación y la promesa de una luz al final del oscuro túnel: "¿Y ahora cómo salgo de este hoyo y de este desastre?".

Recuerdo que hace años, tras leer las *Meditaciones*, Pat Cash me preguntó: "¿Por qué esto no es obligatorio para todos los niños en la escuela?". Muchos CEO han dicho lo mismo cuando asisten a nuestros seminarios. Quizá las voces más poderosas que desearían haber conocido el estoicismo antes en la vida provienen de los rincones más oscuros y aislados del sistema penitenciario del Reino Unido. La misión de la Fundación Aurelius es que las personas de todos los ámbitos de la vida y de la sociedad conozcan los principios estoicos *antes* de necesitarlos, antes de que la vida inevitablemente les lance una bola curva en medio de su cotidianidad.

Guerreros estoicos en prisión

En la prisión de su majestad Huntercombe, en Oxfordshire, Inglaterra, se encuentra uno de los centros estoicos más importantes del mundo. Este programa de estoicismo avanza de manera silenciosa pero con un impulso firme, marcando una profunda diferencia en muchas vidas. Boris Becker, uno de los mejores tenistas de todos los tiempos y una celebridad mundial, puede dar fe directa de ello, porque él mismo fue transformado de manera profunda por los estoicos en Huntercombe.

Desde 2017, Andrew Small, oficial de educación penitenciaria, con el respaldo de su director visionario, David Redhouse, ha creado, perfeccionado e implementado un curso de formación estoica para los reclusos en Huntercombe. Andy llegó al estoicismo después del devastador suicidio de un gran amigo que, aparentemente, lo tenía todo en la vida. Andy necesitaba más respuestas para esta trágica situación y fue el estoicismo lo que le ayudó en su proceso de comprensión y aceptación de la muerte de su amigo.

El programa consiste en un curso de dieciséis sesiones para introducir al estoicismo de forma profunda, tanto a nivel teórico como práctico. La Aurelius Foundation respalda esta iniciativa en Huntercombe y en otras diecisiete prisiones en todo el Reino Unido, así como en lugares tan lejanos como las Islas Malvinas. Nuestro objetivo es implementar este programa en todas las prisiones del Reino Unido y, con el tiempo, en los sistemas penitenciarios de todo el mundo. El programa ha reducido la agresión y la violencia dentro de Huntercombe. Es importante cuando las celebridades, los grandes líderes y los campeones deportivos mencionan sus credenciales estoicas. pero cuando eres un prisionero, encerrado en una celda las 24 horas del día, los siete días de la semana, eso es estoicismo en su forma más dura, vivido segundo a segundo.

El estoicismo no intenta cambiar esa realidad ni endulzar situación alguna. Estos prisioneros se dan cuenta, a través de su curso de comprensión estoica, de que este es el momento de reconocer los errores pasados y aprender de ellos. Se trabaja mediante el siguiente proceso:

- Comprender que esta es mi realidad en el futuro previsible.
- Reconocer y aceptar cuánto tiempo voy a estar aquí.
- Aceptar por qué terminé aquí y asumir mi responsabilidad.
- Idear cómo puedo convertir mi tiempo de encarcelamiento en una ventaja.
- Realizar cambios significativos para no regresar aquí.

Estas son autorreflexiones duras y realidades que golpean con fuerza. Sin embargo, los graduados de este curso sí cambian y yo he sido testigo directo de los profundos resultados de seguir una vida estoica.

El trayecto estoico de un prisionero

Jay Adam es originario de Somalia y llegó al Reino Unido con su familia para escapar de la guerra y la hambruna a finales de la década de los noventa. Para los inmigrantes sigue siendo en extremo difícil llegar al Reino Unido e integrarse adecuadamente en la sociedad. Jay y su familia extendida vivían en una comunidad somalí en el este de Londres; era un mundo aparte.

Sin el apoyo adecuado, las influencias negativas sobre Jay fueron extremas.

Agobiado por la necesidad de proveer para su familia, Jay tomó el camino de la venta de drogas para generar ingresos, ser el sostén y ganar estatus para sí mismo. En un momento dado, fue una figura destacada en el narcotráfico local, con decenas de miles de libras en transacciones ilícitas pasando por su red cada día. Fue un negocio importante y muy rentable... por un tiempo.

Después, la situación se salió de control y las autoridades finalmente lo arrestaron... dos veces. Fue sentenciado en dos ocasiones y la segunda lo llevó a la prisión de Huntercombe. Fue allí donde conoció a Andy Small y comenzó una amistad extraordinaria y un viaje de autotransformación que inició con la pregunta fundamental que todo estoico debe responder: "¿Cuál es tu propósito?".

Esta pregunta suele convertirse en el momento más revelador y profundo para las personas que tocan fondo: es el punto de inflexión hacia una mayor comprensión de sí mismo. Las personas o bien se rinden a sus circunstancias y buscan la verdad, o siguen culpando al mundo y a los demás por su situación. Siguen engañándose y nunca aprenden la verdad sobre sí mismas.

En el caso de Jay, cuando Andy Small lo miró a los ojos durante su primera sesión sobre estoicismo y le exigió una respuesta, Jay se quedó sin palabras. "¿Cuál es mi propósito? ¿Cuál es mi propósito? ¿Cuál es mi propósito?". La pregunta resonó en su mente durante días. No solo quería responderla, sino aprender todo lo que pudiera sobre el origen de esa pregunta.

He visto a Jay dar muchas presentaciones a lo largo de los años ante audiencias que buscan la misma respuesta a la pregunta: "¿Cuál es mi propósito?". He tenido el gran privilegio de conocer de cerca a Jay y esta pregunta siempre es central en sus charlas, ya sea en la Universidad de Oxford, en los clubes locales de futbol en Londres o en los talleres personales.

El momento más increíble para mí fue ver a Jay hablar frente a ciento cincuenta CEO y sus socios en abril de 2024 en la Academia de Atenas, el corazón intelectual de Grecia. Mientras él observaba a este grupo de directores y personas exitosas, ellos estaban completamente cautivados por su trayectoria estoica y s u dominio del tema como filósofo estoico moderno. Podías escuchar caer un alfiler en uno de los centros de aprendizaje más importantes del mundo, ¡el hogar de los intelectuales griegos inmortales!

A no más de medio kilómetro, Zenón había fundado el estoicismo y estoy seguro de que se habría sentido orgulloso por la forma como Jay se expresó ante esta audiencia. Hizo una pausa al comenzar su presentación para asimilarlo todo. Debió haber sido un momento alucinante; apenas unos años atrás estaba encerrado en Oxfordshire enfrentándose a cuatro años de condena y a la deportación. Andy Small, su propia e increíble fuerza de voluntad y el apoyo del programa penitenciario de la Fundación Aurelius le proporcionaron su boleto de salida de ese desastre.

El impacto del estoicismo: la historia de Boris Becker

La historia de Jay proviene de un extremo del espectro socioeconómico. En el otro, está Boris Becker, quien también experimentó un profundo despertar estoico. Como se ha mencionado,

Pat Cash (campeón de Wimbledon en 1987) es un gran partidario y creyente del estoicismo. Los atletas profesionales suelen acercarse al estoicismo porque les brinda un propósito de vida y una guía para lidiar con las condiciones extremas de estar "en la cancha", no solo para sobrevivir, sino, en última instancia, para prosperar. Boris Becker, uno de los mejores tenistas de todos los tiempos, fue una sensación a finales de los años ochenta e inicio de los noventa, un ícono alemán por sus increíbles hazañas como el seis veces campeón de Grand Slam. Estos logros fueron extraordinarios, pero estuvieron acompañados de un conjunto de decisiones y circunstancias complicadas y a menudo difíciles fuera de la cancha. Todo culminó con Boris recibiendo una sentencia de dos años y medio de prisión después de ser acusado de, intencionalmente o no, engañar a los acreedores ocultando activos y préstamos tras ser declarado en bancarrota.

En un principio, Boris había sido enviado a la prisión HMP Wandsworth, un lugar de máxima seguridad en Londres, pero pronto surgieron preocupaciones sobre si podía permanecer ahí sin sufrir riesgos. Así que, después de una semana, Boris fue trasladado a la prisión de Huntercombe en Oxfordshire. Hay caídas en desgracia —pensemos en Mike Tyson en el boxeo— y esta situación, aunque muy diferente, fue una caída similar desde un punto muy alto.

Un día, Boris estaba en la biblioteca de la prisión y notó a un grupo de internos reunidos alrededor de Andy Small, hablando y discutiendo algo. Boris preguntó al respecto y se le permitió unirse a la siguiente sesión: fue su primer acercamiento real con el estoicismo. Boris tuvo una epifanía similar a la de Jay, pero tuvo que responder una pregunta distinta: ¿quién es responsable de que yo esté aquí? Esta pregunta lo atormentó durante días mientras comenzaba a devorar todo lo relacionado al estoicismo que podía encontrar.

Pronto, Boris se dio cuenta de que toda una vida de decisiones lo había llevado a prisión, sin importar si esas decisiones habían sido tomadas sin malicia o de manera deliberada. Cruzó el Rubicón de la responsabilidad personal y la rendición de cuentas a través del estoicismo. Cuando Boris dejó Huntercombe, ya estaba enseñando a otros internos sobre el estoicismo a partir de sus experiencias de vida y, fiel a su palabra, ha sido un gran apoyo para la Fundación Aurelius después de su liberación. Boris Becker es una persona de carácter excepcional.

La reunión estoica por excelencia

Seis meses después de la llegada de Boris a la prisión de Huntercombe, fui testigo de una de las experiencias más surrealistas de mi vida. Un día frío y lluvioso de invierno en 2022, cuando Boris estaba a punto de salir del Reino Unido bajo libertad condicional, la Fundación Aurelius trabajó con la administración de la prisión de Huntercombe para organizar un seminario especial de estoicismo detrás de la gran puerta verde de su entrada.

David Redhouse, el director de la prisión, apoyó amablemente el evento, en el que participaron otros directores, prisioneros, guardias y administradores de todo el sistema, junto con miembros de la Fundación Aurelius, en un día de aprendizaje, educación y transformación estoica. Después de pasar el filtro de seguridad, Pat Cash y yo entramos a la sala. Boris estaba del otro lado, conversando con Andy. Fue un momento emotivo tanto para Boris como para Pat. Ambos habían alzado el trofeo de Wimbledon y emocionado a audiencias en todo el mundo como grandes atletas, pero ahí estaban como seres humanos, compartiendo un instante de profunda humanidad y amistad.

La última vez que había visto a Boris había sido años antes, en Ginebra, en un evento de un grupo empresarial de élite, bebiendo el mejor champán al igual que los invitados de la relojería suiza IWC. Esa noche saludé a Boris, pero nada más; en aquel entonces no era el hombre que hoy he llegado a admirar, respetar y querer.

Aquel día en Huntercombe fue extraordinario en todos los sentidos, un contraste impresionante de destino, fortuna y circunstancias. Como sugiere Séneca: "Advierte que la fortuna tiene el hábito de comportarse exactamente como le place". Pongámonos en perspectiva y consideremos, desde la visión de conjunto, estos dos eventos:

- Jay Adam, exprisionero, dando una conferencia a importantes CEO de todo el mundo como un aprendiz de la Academia de Atenas.
- Boris Becker, una superestrella global del tenis, dando una conferencia a la población de una cárcel británica fría y estricta.

Los contrastes y la ironía son alucinantes en cierto sentido, pero no tanto desde la perspectiva de un estoico.

La única fuerza unificadora que puede abrir paso a un despertar profundo y ayudar a desarrollar un modelo personal de liderazgo, sin importar la posición que ocupes en la vida, es el estoicismo. No importa el lugar que te toque ocupar en cada etapa de la vida, el estoicismo es relevante en todos los niveles y puede ser una fuente de salvación, de reflexión profunda y, en última instancia, de transformación personal en tus peores momentos. Puede proporcionarte un sistema que te permita enfrentar los mayores desafíos de la vida y prosperar en los periodos de triunfo y éxito. Su poder ha resistido la prueba del tiempo desde que Zenón inició el movimiento estoico en los escalones de la Stoa pintada en Atenas, después de que su mundo colapsara en las aguas frente a El Pireo hace 2 300 años.

¿Por qué es tan poderoso el estoicismo? Porque funciona

Acércate al estoicismo lo antes posible, antes de la tragedia y antes del éxito. Pregúntale a Jay Adam o a Boris Becker. Sus historias son la prueba viviente de su poder y la prisión de Huntercombe lo demuestra de manera contundente.

Para cerrar, escuché a un coronel retirado del ejército estadounidense decirlo así en Atenas: "Dentro de mil años, en alguna estación espacial en los confines de nuestro sistema solar, habrá un astronauta reflexionando sobre los mismos desafíos que implica ser un humano hoy. Ten por seguro que estará leyendo un ejemplar de las *Meditaciones*. ¿Por qué? Porque es atemporal y, lo más importante, funciona".

LECTURAS ADICIONALES

JOHN SELLARS

Ten cuidado con leer a demasiados autores y todo tipo de libros... Debes mantenerte con un número limitado de escritores y alimentarte de ellos si quieres obtener algo que permanezca de manera confiable contigo.

Séneca, *Cartas* 2.2

Si has disfrutado aprender sobre las ideas del estoicismo y deseas profundizar más, aquí tienes algunas recomendaciones.

Los estoicos romanos

En primer lugar, están las obras de los estoicos romanos. Todas son muy accesibles y fáciles de leer sin conocimientos previos. Mi primera recomendación serían las cartas de Séneca a su amigo Lucilio. La traducción más moderna y completa al inglés es *Letters on Ethics*, traducción de M. Graver y A. A. Long (Chicago, The University of Chicago Press, 2015); existe una versión abreviada bajo el título *Fifty Letters of a Roman Stoic*. También hay buenas selecciones disponibles en la serie Penguin Clásicos.

Los ensayos de Séneca también valen mucho la pena y hay varias versiones modernas buenas. Recomiendo, en inglés, *Hardship and Happiness*, traducción de E. Fantham et al. (Chicago, The University of Chicago Press, 2014); *Selected Dialogues and Consolations*, traducción de P. J. Anderson (Indianapolis, Hackett, 2015), y *Dialogues and Essays*, traducción de J. Davie (Oxford World's Classics, 2007). Todos ellos son excelentes puntos de partida.

Probablemente el texto estoico más popular hoy en día es *Meditaciones* de Marco Aurelio, disponible en muchas traducciones recientes. Si tuviera que elegir una al inglés, recomendaría la versión de Robin Waterfield (Nueva York, Basic Books,

2021), aunque las versiones de Penguin Clásicos y Oxford World's Classics, entre otras, también son buenas. La antigua traducción de A. S. L. Farquharson para Oxford está disponible en una edición de pasta dura compacta en la serie Macmillan Collector's Library.

Como hemos visto, Epicteto también es una fuente guía de suma importancia para la práctica estoica. Sus *Discursos* y el *Enquiridión* (edición de bolsillo) valen mucho la pena, aunque en ciertos aspectos pueden resultar un poco más exigentes que Séneca o Marco para alguien que se acerca al tema por primera vez. Recomendaría la traducción reciente al inglés de Robin Waterfield (*The Complete Works*, Chicago, The University of Chicago Press, 2022), pero las demás traducciones de Oxford World's Classics y Penguin Clásicos son igualmente confiables. El maestro de Epicteto, Musonio Rufo, también puede leerse con facilidad hoy en inglés en *That One Should Disdain Hardships: The Teachings of a Roman Stoic*, trad. C. E. Lutz (New Haven, Yale University Press, 2020).

Guías modernas

Dentro de la literatura práctica moderna, comenzaría por recomendar tres libros, cada uno inspirado en uno de los tres grandes estoicos romanos. *El arte de vivir como un estoico: Desayunar con Séneca para alcanzar una vida buena,* de David Fideler (Barcelona, Planeta, 2022), como sugiere el título, toma a Séneca como guía y aplica sus ideas a la vida moderna de una manera muy clara y atractiva. *Cómo ser un estoico* de Massimo

Pigliucci (Barcelona, Ariel, 2023) adopta la forma de una conversación imaginaria con Epicteto, aprovechando sus ideas sin dudar en cuestionarlo y proponiendo formas de actualizar el estoicismo para el mundo contemporáneo. *Piensa como un emperador romano* de Donald Robertson (Ciudad de México, Planeta, 2024) está inspirado en las ideas y el ejemplo de Marco Aurelio y se apoya tanto en la versión de su estoicismo como en la experiencia de Robertson como psicoterapeuta.

Hay muchos otros libros populares sobre estoicismo publicados en los últimos años. Mencionaré solo algunos. El medallista olímpico Mark Tuitert ofrece una guía altamente práctica para poner en acción las ideas estoicas en *The Stoic Mindset: Ten Ancient Lessons for Modern Life* (Londres, Penguin Life, 2024). *Cómo dejar de preocuparte: Ser estoico en tiempos caóticos* de Brigid Delaney (Barcelona, Planeta, 2024) es un recuento entretenido de su experiencia al intentar vivir como una estoica y lo que aprendió de ello. *365 Ways to Be More Stoic* de Tim LeBon (Londres, John Murray, 2022) es una rica colección de historias breves y consejos presentados como recordatorios diarios.

Para profundizar

Si quieres profundizar en la filosofía antigua que respalda estas ideas, en primera instancia podrías intentar con *Stoicism, A Very Short Introduction* de Brad Inwood (Oxford, Oxford University Press, 2018) o *Stoicism*, 2.ª edición, de John Sellars (Abingdon, Routledge, 2025). Todas las fuentes clave de los primeros estoicos atenienses pueden encontrarse traducidas al inglés en *The Stoics Reader* de B. Inwood y L. P. Gerson (Indianápolis, Hackett, 2008).

Para un estudio detallado de las ideas en las *Meditaciones* de Marco Aurelio, podrías consultar *Marcus Aurelius* de John Sellars (Abingdon, Routledge, 2021) y después los capítulos en John Sellars (ed.), *The Cambridge Companion to Marcus Aurelius' Meditations* (Cambridge, Cambridge University Press, 2025). También podrían interesarte dos biografías recientes de Marco Aurelio: Donald Robertson, *Marcus Aurelius: The Stoic Emperor* (New Haven, Yale University Press, 2024) y William Stephens, *Marcus Aurelius: Philosopher-King* (Londres, Reaktion Books, 2025).

AGRADECIMIENTOS

La búsqueda de significado a través de la mentoría

El camino hacia un mayor sentido y propósito suele ser solitario, no por estar físicamente solo, sino porque pocas personas se comprometen con las preguntas esenciales de la vida; en la sociedad, la audiencia con la que se pueden discutir estas cuestiones es reducida. El camino para convertirse en un CEO que intenta liderar una empresa también es muy solitario a veces, pues pocos comprenden el conjunto único de desafíos continuos que se enfrentan. ¡Los CEO están siempre ocupados!

En la vida en general o al frente de un negocio, apegarse a la emoción y el deseo no produce resultados positivos a largo plazo, porque uno se vuelve ajeno al arte de vivir bien o de ejecutar una estrategia empresarial clara y consistente. Como estoico, encuentro consuelo en la búsqueda del desarrollo del carácter, especialmente a la luz de los muchos fracasos y errores que he cometido en mi carrera.

Estoy profundamente agradecido por la familia, los amigos y los increíbles mentores que me han apoyado, enseñado y guiado a lo largo del camino. Al igual que Marco Aurelio en el Libro 1 —"Deudas, lecciones e influencias"— de sus *Meditaciones*, quiero reconocer a las personas que han moldeado mi carrera y mi vida. Mis mentores han estado ahí desde el primer día:

La familia Stead: mi mamá, Patricia; mi papá, Paul; y mis hermanos Renee, Kristine y Jamie. Cada uno de ellos, siempre amorosos, solidarios y atentos, posee un gran sentido del deber hacia nosotros mismos, nuestra familia y la sociedad. Además, fue una familia muy divertida e ingeniosa para crecer en ella. Sentía que no había límites.

Paul Nauman, Derek Burnett y Adrian Targett: los mejores amigos en mis años de formación que siguen siendo igual de cercanos el día de hoy. Con amigos tan leales como ellos, tienes la fortaleza y el apoyo para intentar cualquier cosa. Siempre me provocan las mayores carcajadas. Pura alegría.

Richard Howes, Wayne Hampson y James Wadley: entrenadores de tenis, pero también verdaderos líderes de jóvenes que cultivaron en mí la creencia de que podía lograr algo si trabajaba lo suficiente. Fomentaron una fe más profunda en mis propias capacidades y me brindaron oportunidades y confianza en mí mismo.

Joe Eastin: mi mejor amigo, cuya extraordinaria calidad humana, serenidad, lealtad y astucia siempre me inspiraron y me mantuvieron con los pies en la tierra. La capacidad única de Joe para ver las situaciones con un sentido común claro va más allá de lo profundo. Es la sabiduría personificada.

David Eastin: nunca tuve un hermano mayor, pero si lo hubiera tenido, me habría gustado que fuera David. Cuando las cosas en la vida se han puesto difíciles, él siempre ha estado ahí en todos los sentidos, de forma significativa.

Tom Rinehart y Bryan Collins: comerciantes minoristas tenaces y tomadores de riesgos que me inculcaron el valor de la convicción.

Maxine Clark: fundadora de Build-A-Bear, cuya energía dinámica inspiró mi manera de ejercer un liderazgo con alta energía.

Tom Kartsotis: emprendedor audaz y visionario empresarial valiente, de una intensidad enorme, que reunió a grandes personas a su alrededor para lograr metas corporativas enormes. Yo habría seguido a Tom a cualquier parte.

Richard Gundy: líder excepcional cuya lealtad inquebrantable hacia su equipo sacaba lo mejor de todos. La gente lo seguía por quien era, no por su cargo. Su dedicación simultánea a su familia fue un rasgo extraordinario de ver. Poseía disciplina y templanza a raudales.

Don McCarthy: hombre de negocios por excelencia, cuya mezcla de seriedad y sentido del humor ejemplificaba los más altos estándares de excelencia y diversión.

Alan Bean (Apolo 12 y cuarto hombre en la Luna): astronauta que me enseñó los valores del enfoque metódico, el trabajo en equipo y la integridad impecable mediante una conducta ejemplar. Además, tenía un sentido del humor fantástico.

Pat Cash: gran campeón de Wimbledon que me mostró que la vida no se trata de lo que logras, sino de en quién te conviertes. Lograr cosas es importante, pero eso es algo que haces, no quién eres. Posee una resiliencia increíble.

John Sellars y Christopher Gill: académicos excepcionales y seres humanos fascinantes, cuyas contribuciones orientadas al bien común, la humildad, la reflexión y la sabiduría personifican a los grandes estoicos modernos. Ellos me encaminaron hacia un propósito estoico más elevado al mostrarme el camino con su propio ejemplo.

Andy Small, Jay Adam, Sukhraj Gill y Hollie Boe: personas extraordinarias que, con sus acciones cotidianas, demuestran que el estoicismo está vivo, florece y es aplicable en todos los ámbitos de la vida. En un mundo que busca personas con carácter, sus comprometidos valores estoicos me inspiran a mí y a todos aquellos quienes se cruzan su camino.

Natalia Stead, mi esposa y compañera de vida: la persona más especial, fascinante, divertida y hermosa que he conocido. Ve el mundo tal como es, pero de una manera que la mayoría no comprende. Me salvó de mí mismo gracias a su paciencia y a su profundo amor. Es un ejemplo de paciencia estoica.

Al reflexionar sobre este grupo de personas y su influencia tan significativa, reconozco que su carácter individual y sus enseñanzas han sido regalos increíbles que me han permitido enfrentar muchos desafíos que jamás habría podido prever —desde el incidente de la bolsa café hasta la reconstrucción positiva de organizaciones—, todo mientras preservaba mi carácter como un estoico aspirante en el mundo empresarial. Sus lecciones siguen siendo mis guías constantes, recordándome que el camino hacia el desarrollo del carácter es una búsqueda interminable, una que moldea no solo nuestro propio destino, sino también el legado que dejamos en las organizaciones que construimos. Como afirmó Séneca: "Es sabio rodearnos de personas de buen carácter para nuestra propia mejora y, en última instancia, nuestra propia salvación".

Justin Stead

Gracias, en primer lugar, a Justin por su insistencia en que escribiéramos este libro y por su entusiasmo durante todo el proceso. Gracias también a nuestra agente, Melanic Michael-Greer, quien, de manera totalmente independiente, pensó que debíamos escribir este libro y luego encontró un hogar para él con Michael O'Mara con una rapidez extraordinaria. El entusiasmo de todos en Michael O'Mara y la velocidad con la que transformaron nuestro manuscrito en un libro han sido en verdad impresionantes. En la Fundación Aurelius, Hollie Boe y Sukhraj Gill nos brindaron apoyo de muchas maneras a lo largo del proceso.

John Sellars

NOTAS

Introducción

1. Cita en la contraportada de *Meditaciones* de Marco Aurelio, traducido por C. Scott Hicks y David V. Hicks (Nueva York: Scribner, 2023).
2. Véase *New York Review of Books* 43, núm. 15 (3 de octubre de 1996), 22.
3. Véase la obra publicada anónimamente por Federico el Grande, *Oeuvres du philosophe de Sans-Souci* (1760), p. 146.
4. Véase Musonio Rufo, *Disertaciones* 8.

Capítulo 1. Conociendo a los estoicos antiguos

1. Séneca, *Cartas* 16.3.
2. Epicteto, *Manual* 51.
3. Esto se relata en Diógenes Laercio, *Vidas y opiniones de los filósofos eminentes* 7.2-3.
4. Véase Diógenes Laercio 7.168.

Capítulo 3. El control según los estoicos

1. Véase Epicteto, *Disertaciones* 1.2.29.
2. Nuestro amigo Donald Robertson ha examinado esta influencia brevemente en "The Stoic Influence on Modern Psychotherapy", en J. Sellars (ed.), *The Routledge Handbook of the Stoic Tradition* (Abingdon, Routledge, 2016), 374-88, y con mayor detalle en *The Philosophy of Cognitive-Behavioural Therapy* (Londres, Karnac, 2010).
3. Cicerón no menciona aquí a Antípatro por su nombre, pero la analogía concuerda con lo que sabemos de sus ideas y se le atribuye ampliamente.
4. Tony Crabbe, *Busy: How to Thrive in a World of Too Much* (Londres, Piatkus, 2014), en especial pp. 3-21.
5. Véase, como un ejemplo de esta línea de pensamiento, *Meditaciones* 6.32.
6. Sobre este punto, véase *Meditaciones* 6.41.

Capítulo 5. ¿Qué es el carácter?

1. El ejemplo de Crisipo era un cilindro que rodaba cuesta abajo; véase Cicerón, *Sobre el destino* 41-43.
2. Esto puede encontrarse en el *Eutidemo* de Platón 278e–281e y es retomado por los estoicos en Diógenes Laercio, *Vidas y opiniones de los filósofos eminentes* 7.101-5.
3. Véase Epicteto, *Disertaciones* 3.1.8.

Capítulo 7. Animales sociales

1. Marco Aurelio, *Meditaciones* 4.49.

2. Véase Cicerón, *Sobre los fines* 3.62.
3. Esto se menciona en un fragmento conservado por Estobeo y puede encontrarse en Ilaria Ramelli, *Hierocles the Stoic: Elements of Ethics, Fragments, and Excerpts* (Atlanta, Society of Biblical Literature, 2009), pp. 90-91.
4. Marco Aurelio, *Meditaciones* 6.44.
5. Véase *New York Review of Books* 43, núm. 15 (3 de octubre de 1996), 22.
6. Marco Aurelio, *Meditaciones* 7.13.

Capítulo 9. Enfrentando retos

1. Citado en Vitruvio, *Sobre la arquitectura* 6 Pr. 1.
2. Véase Emily Wilson, *Séneca: A Life* (Madrid, Rialp, 2016), junto con *Consolación a Helvia* 19.4.
3. Véase Séneca, *Sobre la providencia* 2.1.
4. Séneca, *Sobre la providencia* 3.3.
5. Séneca, *Sobre la providencia* 4.3.
6. Nassim Nicholas Taleb, *Antifrágil: Las cosas que se benefician del desorden* (Barcelona, Planeta, 2013).

Capítulo 10. El camino para convertirse en un líder estoico

1. La frase *amor fati* no fue utilizada por los estoicos antiguos y fue acuñada mucho después por Friedrich Nietzsche, pero capta una idea central del estoicismo: aceptar y abrazar todo lo que suceda.

Capítulo 11. Decidir de manera estoica

1. Consulta Cicerón, *Sobre los deberes* 3.50-53.
2. Cicerón, *Sobre los deberes* 3.54-55.
3. En esta sección me baso en —y adapto— la útil exposición en *The Invention of Duty: Stoicism as Deontology*, de Jack Visnjic (Leiden, Brill, 2021).
4. Consulta Cicerón, *Sobre los deberes* 3.37.
5. Consulta Epicteto, *Disertaciones* 2.10.

Capítulo 13. Reflexión sobre el tiempo

1. Séneca, *Sobre la brevedad de la vida* 1.3.
2. Séneca, *Sobre la brevedad de la vida* 2.4.
3. Séneca, *Sobre la brevedad de la vida* 9.1.
4. Oliver Burkeman, *Four Thousand Weeks: Time Magagement for Mortals* (Londres,Vintage, 2022), p. 4, citando el párrafo inicial de *Sobre la brevedad de la vida* 1.1.
5. Consulta https://www.who.int/data/gho/data/themes/mortality-and-global-health-estimates/ghe-life-expectancy-and-healthy-life-expectancy. Estas cifras corresponden a 2021-22.

Capítulo 14. La gestión de tiempo del CEO estoico

1. Véase Séneca, *Sobre la brevedad de la vida* 1.3-4.

Capítulo 15. El panorama general

1. La frase proviene del título de un ensayo de Pierre Hadot en *La filosofía como forma de vida* (Barcelona, Alpha Decay, 2009).
2. Véase, por ejemplo, Marco Aurelio, *Meditaciones* 4.46.

Capítulo 17. Pasos a seguir

1. Véase Epicteto, *Disertaciones* 2.18.1-2.
2. Véase Epicteto, *Disertaciones* 2.18.5-12.
3. Véase Epicteto, *Disertaciones* 4.12.1-2.
4. Musonio Rufo, fr. 52.
5. Véase Epicteto, *Disertaciones* 3.16.
6. Véase, por ejemplo, Cicerón, *Sobre los fines* 3.21.

Esta obra se terminó de imprimir
en el mes de marzo de 2026,
en los talleres de Grafimex Impresores S.A. de C.V.,
Ciudad de México.